BALCONS & TERRASSES
de l'herboriste

I.S.B.N. 2-71613-1091-2 - N° d'édition 258

BALCONS & TERRASSES

de l'herboriste

AUX EDITIONS DU DAUPHIN
43/45 rue de la Tombe Issoire - 75014 Paris

Plants de Citronniers

AVANT-PROPOS

Soigner ses maladies avec les plantes que la nature met abondamment et gratuitement à notre disposition, c'est le rêve de tous les hommes.

Longtemps les plantes médicinales ont été les seuls remèdes que nos ancêtres avaient à leur disposition.

Peu à peu elles ont été délaissées pour des médicaments plus sophistiqués élaborés dans les laboratoires du XIXe et du XXe siècle. Médicaments fabriqués eux aussi avec les mêmes plantes.

*Aujourd'hui les hommes, malades et chercheurs, redécouvrent les vertus de la nature. Les tisanes, les décoctions, les huiles essentielles ont repris le chemin des pharmacies. Mais de nos jours les plantes médicinales ne sont pas toujours faciles à trouver. Jadis lorsqu'elles étaient d'un usage courant on les cultivait dans les jardins de la France profonde. Chacun au cours des âges enrichissait le «jardin des simples *» familial de ses découvertes et de son expérience.*

En 1981 celui qui veut utiliser les plantes pour soulager nos petits maux de tous les jours n'a guère le choix qu'entre les pharmacies, les herboristeries — de plus en plus rares —, et les magasins de diététique comme certaines grandes surfaces qui ces dernières années ont tenté avec plus ou moins de bonheur de commercialiser les plantes médicinales dans leurs rayons.

Rares sont les distributeurs qui donnent l'entière satisfaction aux mordus de la tisane. Les plantes sont souvent présentées et conditionnées de telle façon qu'elles n'offrent pas toutes les garanties désirables que l'on est en droit d'attendre de substances destinées

à soulager les maux. Il est d'autre part parfois difficile de trouver la plante qui convient au moment où il faut.
Enfin les « tisaniers » le savent bien, les vertus de leurs chères plantes ne durent malheureusement que l'espace d'un matin. Or pendant combien de semaines ces sachets de cellophane ou de films plastiques ont-ils séjourné dans les présentoirs ?
Quoi de plus logique alors que de produire soi-même ce qu'on est amené à consommer !

C'est l'unique ambition de ce livre : permettre à chacun dans un petit jardin ou sur un simple balcon d'assouvir cette passion des plantes médicinales, de les planter selon ses besoins, de les élever, de les cueillir, de les préparer, de les déguster... et de voir son mal enfin s'évanouir.
Mais pour réaliser cette ambition il est préférable de posséder un minimum de connaissances. Nous allons nous efforcer de vous les faire partager dans ce livre.
C'est à ces questions pratiques que nous allons répondre :
— Quelles sont les plantes médicinales que vous devez avoir toujours à portée de la tasse. Nous vous raconterons leur histoire, et nous vous dévoilerons leurs propriétés.
— Comment cultiver ces plantes sur votre balcon de telle manière qu'elles vous donnent ce que vous attendez d'elles et soient un régal pour vos yeux et votre palais.
— Quels sont les moyens les plus efficaces pour que leur santé soit la meilleure garantie de la vôtre.
Et le moment venu, quel est la meilleure façon de recueillir le salaire de votre travail en cueillant, séchant et stockant leurs feuilles, leurs fleurs et leurs fruits.

Pour illustrer ce livre nous avons choisi de vous montrer en photos quelques exemples de jeunes pousses.

** Nom donné autrefois aux plantes médicinales.*

SOMMAIRE

COMMENT PRÉPARER SON OUVRAGE

Vous allez installer votre herboristerie sur votre balcon pour un bon moment... Alors ne vous précipitez pas ! Faites comme les architectes de l'ancien temps qui dessinaient les jardins et les parcs, ou comme nos modernes paysagistes : composez avec soin le paysage qui va égayer, animer votre vie de tous les jours et contribuer à votre bonne forme.

Premières précautions

Pour parer à tous désagréments et ne pas faire porter à vos balcons le poids de vos erreurs, vous devez savoir que :
Un mètre cube de terre végétale pèse 1 200 kg environ et peut retenir 800 kg d'eau.
Un mètre cube de sable de rivière pèse 1 700 kg environ et peut retenir 425 kilos d'eau.
Un mètre cube de terre de bruyère pèse 800 kg environ et peut retenir 200 kg d'eau.

Les récipients

Choisir soigneusement les récipients — pots, bacs etc... — qui vont prendre place sur votre balcon. Voici de quels instruments vous disposez et quels sont leurs avantages et leurs inconvénients.

LA TERRE CUITE

C'est beau et c'est incontestablement la matière qui convient le mieux pour « élever » vos « simples ». Vous trouverez facilement de petits, moyens ou grands pots ou bacs en terre cuite qui garniront harmonieusement vos balcons (petits ou grands), vos rebords de fenêtres et aussi vos jardins.

Avantage : la beauté de la matière naturelle qui respire et vit avec la plante. La diversité des grandeurs, des formes et des décorations que vous ne trouverez qu'avec ces pots classiques.

La Sauge

Inconvénients: la fragilité (chocs et gel) ; la porosité qui accélère l'évaporation de l'eau et oblige à être très vigilant pour l'arrosage ; le prix parfois très élevé.

LE BOIS

Comme toutes les matières naturelles les bacs en bois sont très décoratifs. Mais ils ne peuvent être qu'un habillage pour des récipients en zinc ou en tôle galvanisée.
Avantages: leur caractère décoratif ; ce sont les seuls bacs qui autorisent le « sur mesure » (un point important pour ceux qui ont un balcon aux dimensions non standardisées ou pour ceux qui se sentent une âme de créateur).

Inconvénients: ils doivent être doublés de récipients en zinc : à la rigueur ils peuvent être employés « au naturel » à condition de choisir soigneusement l'essence du bois employé (chêne, hêtre ou châtaigner). Même dans le meilleur des cas il faudra envisager à plus ou moins brève échéance le remplacement régulier.

LA PIERRE

Que vous ayez acheté aux « puces » un abreuvoir massif ou fait l'emplette d'un bac en pierre reconstitué, vous aurez avec la pierre un décor noble mais peut-être un peu plus austère et moins chaud... Mais il en faut pour tous les goûts !
Avantages: la noblesse de la pierre, sa solidité ; l'emploi que vous pourrez en faire ultérieurement si vous vous lassez un jour de votre herboristerie à domicile.
Inconvénients: le poids, la fragilité au gel et le prix.

LE FIBROCIMENT

Il est pratique, solide d'un coût peu élevé et les fabriquants ont eu la bonne idée de fabriquer des pots et des bacs de toutes les tailles et de toutes les formes.
Avantages: il est passe-partout et répond à toutes les situations et à tous les besoins.
Inconvénients: la tristesse de la matière et son poids.

LA MATIÈRE PLASTIQUE

Les pots et bacs, avec ou sans réserves d'eau, ont été conçus spécialement pour recevoir les plantes élevées dans les appartements ou les balcons des villes. Ce sont incontestablement les récipients les plus adéquats à la culture en chambre.
Avantages: leur conception, leur légèreté, leur efficacité.
Inconvénients: leur aspect qui, il faut bien le reconnaître n'est pas toujours très heureux.

La terre

Choisir aussi soigneusement le contenu que le contenant. Le remplissage de terre de vos récipients est suffisamment éprouvant pour que vous n'ayez pas à répéter plusieurs fois inutilement cette opération fastidieuse. Aussi sachez choisir votre terre.
Je ne vous conseille pas d'aller remplir des sacs de terre dans le bois voisin ou de recueillir la terre d'un chemin à l'occasion d'une balade dans la nature ! Neuf fois sur dix vous vous serez donné beaucoup de mal et reviendrez avec une terre qui ne répondra pas aux besoins de vos chères plantes. Vous devez raisonnablement garnir vos récipients avec trois mélanges dont vous trouverez la base chez les fleuristes mais que vous accommoderez en fonction des besoins de chacun de vos pensionnaires.

LA TERRE PASSE PARTOUT

Elle comprend un mélange composé pour deux tiers de terre ordinaire et pour un tiers de terreau, de feuilles en décomposition ou de tourbe.

LA TERRE ALLÉGÉE

C'est de la terre passe-partout à laquelle vous aurez ajouté, en mélangeant bien, un tiers de sable de rivière ou de tourbe.

LA TERRE DE BRUYÈRE

Pour répondre aux besoins de vos plantes qui vivent dans des conditions un peu spéciales, un peu confinées dans leurs pots, vous ajouterez à votre terre de bruyère deux tiers de terreau composé de feuilles mortes bien sèches ou décomposées.
Dans la pratique, contrairement à ce que vous pensez peut-être, toutes les terres ne conviennent pas à toutes les plantes. Il existe, et le magasin spécialisé auquel vous vous adresserez vous le dira certainement, des sachets de terre de diverse composition (sableuse, siliceuse, argileuse... etc.) destinés à améliorer la terre jusqu'à en faire le milieu qui convient le mieux à chaque plante.

Le Lombri compost : la terre miracle

Une terre riche en micro-organisme permet de reconstituer la vie microbienne. Elle contient des éléments fertilisants, des oligo éléments. Et c'est cent pour cent naturel. C'est le Lombri compost. Il favorise la reprise lors de la transplantation, il stimule la floraison et la fructification, il fertilise le sol. Il est inodore et inoffensif.

VOICI COMMENT L'UTILISER

Pour le rempotage	:	incorporer 20 % au volume du pot
Pour les semis	:	200 gr/M2
Pour les pelouses	:	100-150 gr/M2
Pour les plantes en pot	:	1 à 2 cuillères pour pot d'un diamètre < 15 cm 2 à 3 cuillères pour pot d'un diamètre 15-25 cm 3 à 4 cuillères pour pot d'un diamètre 25-30 cm

Les engrais écologiques

Les engrais que vous trouverez dans le commerce sont généralement inoffensifs pour votre santé (à condition de suivre scrupuleusement le mode d'emploi et les doses prescrites) et très efficace pour la vie de vos plantes. Mais si malgré tous ces avantages, vous êtes un puriste, convaincu de l'importance de ce qui est naturel, voici un engrais absolument naturel dont les effets sont très appréciables :
PRENEZ une poignée d'orties fraîches (100 grammes environ).
PLONGEZ-les dans 5 litres d'eau.
COUPEZ les orties en morceaux.
FAITES MACÉRER le tout pendant environ une quinzaine de jours.
Jusqu'à ce que le mélange commence à être malodorant.
DISTRIBUER cette nourriture dans chacun des pots.

Les insecticides naturels

Tôt ou tard vous aurez droit à une attaque en bonne et dûe forme de la part d'insectes divers plus ou moins nuisibles pour la santé de votre jardin. Un homme prévenu en vaut deux ! On trouve normalement dans le commerce toute une gamme d'insecticides parfaitement efficaces pour lutter contre ces invasions. Mais comme il s'agit de plantes médicinales que vous consommerez, le problème devient plus délicat. Voici un insecticide à base d'ortie, extrêmement efficace et absolument inoffensif pour votre santé :
PRENEZ une poignée d'orties fraîches (100 grammes environ) que vous plongerez dans 5 litres d'eau.
FAITES MACÉRER le tout pendant 48 heures.
FILTREZ.
PULVÉRISEZ les plantes parasitées.
RENOUVELEZ le traitement chaque semaine.

Verveine Citronnelle

SAVOIR PLANTER LE « JARDIN DES SIMPLES »

Vous avez choisi les pots et les bacs qui vont accueillir votre « jardin des simples », vous avez sous la main la terre qui va les garnir... Il faut maintenant songer au choix des plantes.

Ce choix c'est vous qui devez le faire en fonction de la place dont vous disposez, mais aussi des plantes que vous voulez élever pour leurs qualités médicales et — joignons l'utile à l'agréable — aussi pour le coup d'œil et la joie du palais.
Vous pourrez broder en modifiant à votre gré le dessin au cours des mois et des années qui vont suivre. Ce canevas est composé des dix-huit plantes de base qui vous permettront de composer votre « JARDIN DES DÉLICES » :
BARDANE, CITRONNIER, MÉLISSE, PERSIL, VERVEINE, BOURRACHE, COQUELICOT, MENTHE, ROMARIN, SAUGE, BASILIC, LAURIER, ORANGER, SOUCI, CAPUCINE, LAVANDE, THYM, ARTICHAUT

Caractéristiques des plantes

Feuillage persistant : Citronnier, Laurier, Lavande, Oranger, Romarin, Thym, Sauge, Artichaut.

Vivaces, disparaissant sous terre l'hiver : Mélisse, Menthe, Verveine, Fenouil.

Annuelles : Bourrache, Capucine, Coquelicot, Persil, Souci, Basilic.

Bisannuelles : Bardane.

Arbres : Citronnier, Laurier, Oranger.

Arbrisseaux : Lavande, Romarin, Sauge, Verveine, Thym.

Plantes à feuilles volumineuses : Artichaut, Bardane, Bourrache.

Plantes normales : Mélisse, Menthe, Persil, Souci, Capucine, Coquelicot.

Plantes à feuilles volumineuses : Artichauts, Bardane, Bourrache.
Plantes normales : Mélisse, Menthe, Persil, Soucis, Capucine, Coquelicot.

Le langage des fleurs

Pour composer agréablement votre jardin il est indispensable de varier les espèces et de marier agréablement les floraisons. Sachez donc la signification des termes qui désignent ces plantes :

VIVACE. — que l'on n'est pas obligé de semer chaque année.

ANNUELLE. — que l'on est obligé de semer chaque année.

BISANNUELLE. — qui vit deux ans.

REPIQUAGE. — opération qui consiste à prélever des plants pris dans un semis et à les replanter.

GREFFE. — opération qui consiste à faire pousser une petite branche d'une espèce sur un pied d'une espèce plus résistante pour qu'elle porte les fruits de la première.

MARCOTTE. — opération qui consiste à faire prendre racine à une branche en l'enfouissant par le milieu dans la terre. Une fois la racine poussée on coupe la branche du pied mère. Cela s'appelle la sevrer.

TRANSPLANTATION. — on enlève une plante avec ses racines et sa motte pour replanter le tout ailleurs.

ÉCLATEMENT. — on prélève sur la racine d'un pied mère des repousses que l'on coupe avec un morceau de racine pour les replanter ailleurs.

Le Laurier noble

SAVOIR COMPOSER SON BALCON OU SA TERRASSE

12 Ensembles destinés aux heureux possesseurs de grands balcons, terrasses ou petits jardins

1. Laurier (arbre à feuillage persistant), Verveine (plante à feuilles caduques), Sauge (plante à feuilles persistantes), Menthe (plante envahissante et dense), Coquelicot (plante annuelle, une touche de couleur), Persil (pour la cuisine).

2. Citronnier, Romarin, Sauge, Mélisse, Bourrache, Persil.

3. Oranger (arbre à feuillage persistant et fruits), Laurier, Lavande, Thym, Persil, Capucine (plante grimpante donnant une touche de couleur avec ses grosses fleurs vertes).

4. Laurier, Romarin (persistant), Sauge, Persil, Souci (une touche jaune).

5. Citronnier, Laurier, Verveine, Thym (persistant), Menthe, Bourrache (feuilles volumineuses), Persil.

6. Laurier, Verveine, Thym, Artichaut (plante aux feuilles volumineuses aux fleurs d'un beau bleu et aux fruits excellents sur la table), Mélisse, Coquelicot, Persil.

7. Oranger, Romarin, Sauge, Mélisse, Fenouil (pour la cuisine l'été), Capucine.

8. Citronnier, Verveine, Sauge, Menthe, Artichaut, Fenouil.

9. Citronnier, Sauge, Menthe, Bardane (fleurs volumineuses), Persil, Soucis.

10. Laurier, Verveine, Mélisse, Basilic (pour la cuisine), Fenouil, Coquelicot, Bardane.

11. Laurier, Capucine, Romarin, Menthe, Persil, Artichaut.

12. Laurier, Sauge, Thym, Fenouil, Capucine, Mélisse.

Entre les colonnes
pots d'artichauts
&
soucis au pied
d'un laurier

Jeunes pousses de Fenouil

9 Ensembles pour ceux qui possèdent des balcons ou des terrasses moins importantes ou qui voudraient limiter la place donnée à leur jardin :

1. Laurier, Verveine, Menthe, Capucine.

2. Laurier, Sauge, Mélisse, Souci.

3. Laurier, Artichaut, Menthe, Coquelicot.

4. Laurier, Verveine, Thym, Bourrache.

5. Verveine, Menthe, Basilic, Capucine.

6. Verveine, Mélisse, Thym, Souci.

7. Verveine, Artichaut, Thym, Bourrache.

8. Sauge, Basilic, Mélisse, Bourrache.

9. Sauge, Thym, Menthe, Coquelicot.

11 Ensembles destinés aux tout-petits balcons, voire aux appuis de fenêtre :

1. Sauge, Mélisse, Capucine.

2. Sauge, Menthe, Bourrache.

3. Sauge, Thym, Basilic.

4. Sauge, Bourrache, Souci.

5. Verveine, Menthe, Souci.

6. Verveine, Thym, Capucine.

7. Verveine, Basilic, Bourrache.

8. Thym, Bourrache, Souci .

9. Thym, Menthe, Basilic.

10. Thym, Mélisse, Bourrache.

11. Bourrache, Mélisse, Basilic.

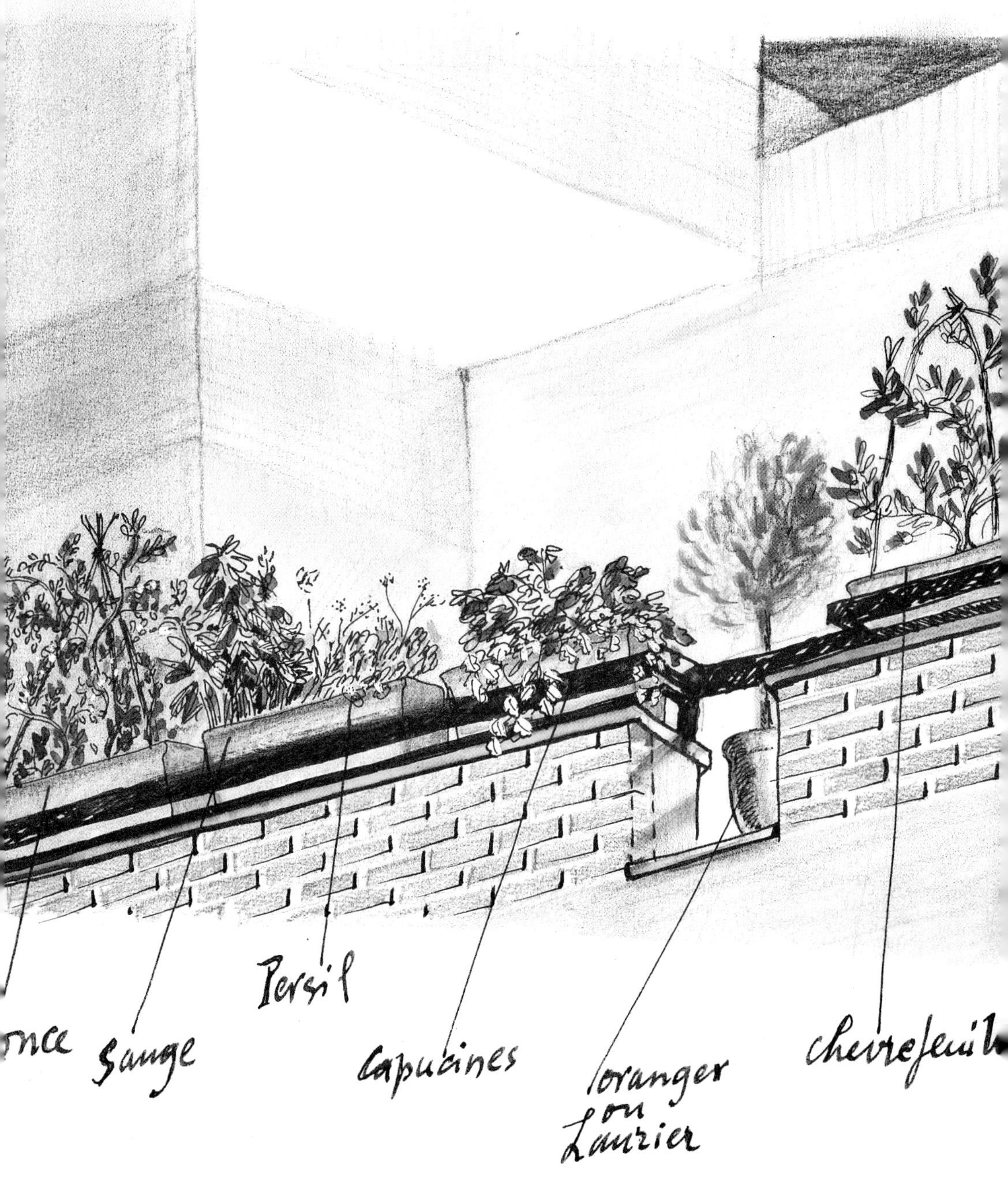
nce
Sauge
Persil
Capucines
oranger
ou
Laurier
chevrefeuil

*Jeunes plants de Marjolaines
et de Camomilles romaines*

CONSEILS AUX BONS JARDINIERS

Les distances

Normalement pour les plantes d'une certaine importance ou pour les arbres ou les arbrisseaux, le problème ne se pose pas : il leur faut de l'espace.
Pour les petites et moyennes plantes il est indispensable si vous ne voulez pas les voir dépérir de respecter les distances.
— Plantes d'une vingtaine de centimètres de hauteur : plantez tous les vingt centimètres environ.
— Plantes d'une trentaine de centimètres : plantez tous les trente-cinq à quarante centimètres environ.
— Pour les plantes plus importantes : plantez tous les cinquante centimètres.
Et n'oubliez pas de toujours planter en quinconce.

Les outils

Vous pouvez bien entendu vous servir pour vos travaux de jardin d'un couteau ébréché et d'une vieille fourchette... Mais contrairement à l'adage qui veut que le mauvais jardinier ait toujours de mauvais outils, nous vous conseillons d'en acquérir un minimum, adaptés à vos besoins. Même si l'habit ne fait pas forcément le moine !
— Un sécateur (autour de 100 francs).
— Un arrosoir avec un bec plutôt fin qu'épais et recourbé (dans les 60 francs).
— Une griffe pour aérer le sol et le nettoyer (dans les 50 francs).
— Un pulvérisateur (un peu plus de 120 francs).

Les lieux

Toute plante ou plantation placée sur une fenêtre ou sur un balcon engagent la responsabilité de son propriétaire en cas d'accident. Demandez donc à votre assureur de vous « couvrir » pour ce risque et exigez qu'il soit fait mention de cette clause sur votre contrat. Veillez, bien sûr, à ce qu'aucun accrochage ne soit effectué en surplomb de la rue.

Méfiez-vous des plantes grimpantes : elles iront facilement rendre visite à votre voisin qui ne les appréciera pas forcément. Et dans certains quartiers anciens de villes ou à la campagne elles peuvent aller s'enrouler sur les fils électriques et provoquer de graves accidents.
Attention à l'arrosage ! Votre voisin du dessous ne doit pas être incommodé et se croire tout à coup sous les chutes du Niaggara.
Enfin si vous traitez vos plantes (ce que nous ne vous conseillons pas) — puisque vous en faites également un usage médical — ne le faites jamais lorsqu'il pleut ou lorsqu'il vente.

L'air, la lumière, l'eau

Après avoir choisi et planté il faut maintenant élever... et faire durer le plus longtemps possible vos chères plantes. Pour cela il faut avant tout les aimer, être attentifs à leurs besoins, savoir répondre le plus rapidement possible aux signes avant coureurs de catastrophes. En un mot avoir « la main verte ». Mais toutes ces bonnes intentions ne suffisent pas. Trois conditions doivent être remplies pour que vos plantes respirent le bonheur de vivre ; il leur faut avant toute chose :

DE L'AIR — Elles en auront sans doute suffisamment sur votre balcon. Et même parfois en trop grande quantité. Si celui-ci est par exemple orienté au nord prévoyez donc une protection de canisse ou des panneaux de matière plastique pour éviter les courants d'air, les gelées et les dégâts que pourraient occasionner les brusques coups de vent. Surtout si vous avez des plantes grimpantes.

DE LA LUMIÈRE — Il en faut beaucoup, mais méfiez-vous des rayons de soleil qui vont dessécher vos bacs ou brûler l'extrémité des feuilles voir littéralement griller vos plantes.

DE L'EAU — Vous ne regretterez jamais d'en donner à vos pensionnaires. Mieux trop que pas assez !
Mais n'exagérez cependant pas. Si certaines plantes se résignent sans dommage à voir leurs pieds tremper dans l'eau à longueur d'années, d'autres l'acceptent mal et pourrissent. Le problème de l'arrosage ne se pose réellement que lorsque vous vous absentez pendant les vacances. Si durant les week-end les bacs à réserve d'eau suffisent amplement à assurer la survie de la plante pendant une dizaine de jours environ (selon leur contenance), lorsque vous vous absenterez un mois il faudra prendre d'autres dispositions,

Menthe

notamment demander à quelqu'un de venir arroser à votre place.
Un vieux truc pour donner à votre jardin à boire quand vous n'y êtes pas : celui de la mèche. Vous disposerez près du bac à arroser un grand récipient rempli d'eau disposé un peu plus haut. Faites tremper une serpillère dont l'autre bout sera enfoui dans la terre à environ cinq centimètres de profondeur.
Vous pouvez multiplier autant que vous voulez le nombre des mèches.

Autre solution : il existe des systèmes d'arrosage goutte à goutte. Vous pouvez facilement les installer vous-même après avoir consulté un spécialiste.

Enfin souvenez-vous que les mélanges de terre avec lesquels vous avez rempli vos pots et vos bacs perdent assez rapidement leurs qualités nutritives. Vous devrez donc songer régulièrement à y ajouter des engrais (faciles à employer) que vous trouverez dans le commerce.

Quant aux maladies qui peuvent atteindre vos plantes, et pour chasser les pucerons, chenilles etc... qui peuvent leur nuire, nous vous conseillons étant donné l'usage « médical » de votre jardin, de ne pas vous servir de pesticides ni de produits nocifs. Si vous soignez vos plantes en leur accordant un minimum d'attention il ne leur arrivera rien de fâcheux.

LES DOIGTS VERTS

Avoir les doigts verts c'est comprendre à demi-mot le message que veulent faire passer vos plantes par leur comportement inhabituel — en clair : si vous n'avez pas les « doigts verts » — voici les huit manifestations qui sont leur façon de tirer le signal d'alarme pour vous dire que tout ne va pas comme il le faut :

LES FEUILLES JAUNISSENT. — Votre plante est malade de l'eau que vous lui donnez. Dans la majorité des cas celle-ci est trop dure. Essayez de la mélanger à de l'eau type Volvic.
La terre dans laquelle votre plante vit ne lui convient pas : elle est trop calcaire. À moins que vous n'ayez mis dans son pot un compost également trop riche en calcaire. Changez la terre complètement ou en partie par l'apport de terre plus lourde ou arrêtez la distribution de compost. Avant que les feuilles tombent.

LES FEUILLES TOMBENT. — Vous arrosez trop votre plante et les racines sont en train de pourrir. Changez la terre et essayez d'ajouter de l'azote dans votre pot. C'est la nourriture qui rend vertes les feuilles.

LE BORD DES FEUILLES BRUNIT. — Il y a fort à parier que le milieu dans lequel vit votre plante est trop sec. Changez les pots d'emplacement et en attendant, pour éviter le pire, vaporisez plante, feuilles, terre et pot avec de l'eau aussi pure que vous pourrez la trouver.

LES RAMEAUX FLÉTRISSENT. — La plante a trop d'eau... ou pas assez. À moins que le soleil soit trop ardent sur votre balcon. Déplacez la plante et en attendant vaporisez de l'eau sur tous les rameaux afin d'éviter le pire. Et surveillez l'arrosage et le niveau d'eau si vous avez des bacs comportant une réserve. Cette dernière gagne à ne pas être trop remplie.

LES BRANCHES S'ALLONGENT DÉMESURÉMENT. — C'est un manque de lumière. Approchez votre plante de la source de lumière : fenêtre etc... et tout rentrera dans l'ordre.

LA PLANTE NE FLEURIT PAS. — Placez-la dans un endroit ensoleillé ou donnez-lui un engrais à importante teneur de potasse. C'est la potasse qui favorise l'éclosion des fleurs. S'il s'agit d'une plante que vous possédez depuis plus d'une saison et que vous l'avez taillée, peut-être avez-vous un peu trop joué du sécateur. Attention l'année prochaine !

LES FEUILLES SONT TÂCHÉES OU DÉCOLORÉES PAR ENDROIT. — Attention à l'arrosage surtout lorsqu'il s'agit de plantes à feuilles poilues. Vous avez employé de l'eau trop froide. L'arrosage doit se faire à température ambiante.

LES FLEURS ET LES BOUTONS TOMBENT. — Souvent cet accident est dû à l'atmosphère qui est trop sèche. Mais c'est aussi une manière qu'ont certaines plantes un peu délicates de manifester leur mécontentement à l'occasion d'un déménagement ou d'un changement d'habitudes.

MAIS PAS DE PANIQUE !

Sachez que toute plante, surtout lorsqu'elle a été transplantée, a besoin d'une période plus ou moins longue pour se réadapter. Il faut bien compter un minimum d'une huitaine de jours pour qu'elle se sente à nouveau bien dans son pot. À condition bien sûr, que vous lui procuriez ce dont elle a besoin. Avant ce délai soyez vigilant.

Jeunes pousses de Lavande en pot
et pommes de Lavande séchées

NOM DES PLANTES		● Se trouve dans la nature	Se garde d'une année sur l'autre	Graines ou plants	Semez	Plantez	Récoltez	Région	Exposition	Terre	Arrosage
ABSINTHE	V	●	Oui	GR. PL.	Mars Avril	Nov.	Juil. à Sept.	Toutes	Toutes	Toutes	Modéré
ANIS VERT	A		Non	GR.	Mars à Mai		Août	Midi	Soleil	Toutes	Modéré
ARTICHAUT	V		Oui	GR. PL.	Mars	Sept.	Juin Juil.	Toutes	Soleil	Riche	Fréquent
ASPÉRULE	V	●	Oui	PL.		Janvier	Juil.	Centre Nord-Est	Ombre	Légère	Fréquent
BARDANE	BA	●	Oui	GR. PL	Fév. Mars	Nov.	Juil. Oct.	Toutes	Toutes	Toutes	Modéré Régulier
BASILIC	A	●	Non	GR.	Fév. Mars		Juin à Sept.	Midi	Soleil	Meuble	Rare
BOURRACHE	A		Non	GR.	Fév. à Avr.		Juin Juil.	Toutes	Soleil	Riche	Modéré
BRUYÈRE	V	●	Oui	GR. PL.	Avril	Déc.	Août Sept.	Toutes	Ombre	Silice	Modéré
CAMOMILLE ALLEMANDE	A		Non	GR.	Mars Avril		Mai à Oct.	Toutes	Soleil	Toutes	Modéré Régulier
CAMOMILLE ROMAINE	V		Oui	GR. PL.	Mars	Avril	Juil.	Ouest	Toutes	Riche	Fréquent
CAPILLAIRE DE MONTPELLIER	V	●	Oui		Mars	Déc.	Toute l'année	Midi Sud-Ouest	Ombre	Légère	Fréquents
CAPUCINE	A		Non	GR.	Fév. Mars		Juil. Août	Toutes	Tempéré	Légère	Fréquents
CERFEUIL	A		Non	GR.	Janv. à Avril	Oct. à Déc.	Mai à Août	Toutes	Ombre	Riche	Fréquents
CHÉLIDOINE	V	●	Oui	GR. PL.	Avril		Mai	Toutes	Ombre	Légère	Fréquent
CHÈVREFEUILLE	V	●	Oui	GR. PL.	Mars	Avril	Juin à Sept.	Toutes	Toutes	Toutes	Normal
CHICORÉE	V	●	Oui	GR.	Mars Avril		Juil.	Toutes	Toutes	Toutes	Normal
CHIENDENT	V	●	Oui	PL.		Toute l'année	Mai à Sept.	Toutes	Toutes	Toutes	Modéré
CITRONNIER	V		Oui	PL.				Midi	Soleil	Riche	Normal

La récolte des plantes correspond souvent à la Floraison.

NOM DES PLANTES		● Se trouve dans la nature	Se garde d'une année sur l'autre	Graines ou plants	Semez	Plantez	Récoltez	Région	Exposition	Terre	Arrosage
COQUELICOT	**A**	●	Non	GR.	Mars Avril		Mai à Sept.	Toutes	Toutes	Toutes	Normal
CORIANDRE	**A**		Non	GR.	Mars Avril		Août	Midi	Soleil	Calcaire	Normal
CUMIN	**A**		Non	GR.	Mai Juin		Août	Midi	Soleil	Argileux	Normal
FENOUIL	**BA**	●	Oui	GR.	Mars Avril		Juin	Midi	Soleil	Légère	Normal
FUMETERRE	**A**		Non	GR.	Fév.		Avril à Oct.	Toutes	Tempéré	Toutes	Fréquent
GÉRANIUM ROBERT	**V**		Oui	PL.			Août à Nov.	Toutes	Ombre	Légère	Fréquent
LAURIER NOBLE	**V**	●	Oui	GR. PL.	Fév. Mars		Toute l'année	Midi	Toutes	Meuble	Normal
LAVANDE	**V**	●	Oui	GR. PL.	Mars		Juil. à Sept.	Midi	Soleil	Légère	Modéré
LIERRE GRIMPANT	**V**	●	Oui	GR. PL.	Janv. à Mars	Nov. Déc.	Toute l'année	Toutes	Ombre	Toutes	Normal
LOTIER CORNICULE	**V**	●	Oui	GR.	Fév. Mars		Juin	Toutes	Soleil	Meuble	Fréquent
MARJOLAINE	**V**	●	Oui	GR. PL.	Mars		Août Sept.	Midi	Soleil	Légère	Rares
MÉLISSE	**V**	●	Oui	GR. PL.	Fév.	Mars Avril	Juil. à Sept.	Midi Centre	Ombre	Toutes	Fréquent
MENTHE	**V**	●	Oui	GR. PL.	Fév. Mars		Juin	Toutes	Toutes	Toutes	Normal
ORANGER (Feuilles)	**V**		Oui	PL.			Sept. à Déc.	Midi	Soleil	Riche Légère	Normal
ORIGAN	**V**	●	Oui	GR. PL.	Mars	Mars Avril	Juil. Août	Toutes	Soleil	Sèche	Rares
PÂQUERETTE	**V**	●	Oui	GR. PL.	Fév.	Nov.	Mars à Nov.	Toutes	Toutes	Toutes	Fréquents
PARIÉTAIRE	**V**	●	Oui	GR. PL.	Mai	Mai	Juin à Oct.	Midi	Soleil	Toutes	Normal
PASSIFLORE	**V**	●	Oui	GR. PL.	Mars		Juin Juil.	Midi	Toutes	Légère	Normal

V : Plante Vivace ; **A** : Plante Annuelle ; **BA** : Plante Biannuelle.

NOM DES PLANTES		● Se trouve dans la nature	Se garde d'une année sur l'autre	Graines ou plants	Semez	Plantez	Récoltez	Région	Exposition	Terre	Arrosage
PERSIL	**BA**		Oui	GR PL	Fév Mars		Toute l'année	Toutes	Toutes	Légère	Normal
PERVENCHE	**V**	●	Oui	GR. PL.	Fév.		Mars à Sept.	Toutes sauf Midi	Ombre	Légère	Fréquent
PRIMEVÈRE (les feuilles)	**V**	●	Oui	GR. PL.	Mars		Avril Nov.	Toutes	Ombre	Toutes	Fréquent
REINE DES PRÉS	**V**	●	Oui	GR. PL.	Mars		Août	Toutes	Ombre	Riche	Fréquent
ROMARIN	**V**	●	Oui	GR. PL.	Fév.	Nov.	Juil.	Midi	Soleil	Calcite	Rares
RONCE	**V**	●	Oui	PL.			Mai Juin	Toutes	Toutes	Toutes	Normal
SARRIETTE	**A**	●	Non	GR.	Mars		Juil. à Oct.	Midi	Soleil	Légère	Rare
SAUGE	**V**	●	Oui	GR. PL.	Avril Mai	Mars	Mai à Juil.	Midi	Soleil	Légère	Normal
SCABIEUSE Feuilles	**V**	●	Oui	GR. PL.	Mars	Fév.	Juin	Toutes	Ombre	Riche	Fréquent
SERPOLET	**V**	●	Oui	GR. PL.	Mars	Fév.	Juin à Sept.	Midi	Soleil	Sèche	Rares
SOUCI	**A**	●	Non	GR.	Mars		Août	Midi	Soleil	Toutes	Régulier
TANAISIE	**V**	●	Oui	GR. PL.	Mars	Mars	Août Sept.	Toutes	Toutes	Légère	Normal
THYM	**V**	●	Oui	PL.	Janv.	Déc.	Juin à Oct.	Midi	Soleil	Légère	Rares
VALÉRIANE	**A**		Non	GR. PL.	Mars		Août Sept.	Toutes sauf Midi	Ombre	Toutes	Fréquent
VERGE D'OR	**V**	●	Oui	GR. PL.	Mars Avril		Juil. Août	Toutes	Toutes	Sablonneux	Normal
VERVEINE	**V**	●	Oui	GR. PL.	Mars Avril		Juin Sept.	Toutes	Toutes	Toutes	Normal
VIOLETTE Feuilles	**V**	●	Oui	GR. PL.	Fév.		Mars Août	Toutes	Ombre	Toutes	Fréquent
VIPÉRINE	**V**	●	Oui		Fév. Mars		Juin à Sept.	Sauf Bretagne	Toutes	Pierre	Peu

Romarin et Thym

QUI SOIGNE QUOI ?

ABSINTHE / *Appétit - Digestif*	MARJOLAINE / *Calmant digestif*
ANIS VERT / *Carminatif - Digestif*	MÉLISSE / *Digestif*
ARTICHAUT / *Foie - Vésicule*	MENTHE / *Digestif - Aphrodisiaque*
ASPÉRULE / *Sédative - Digestive*	ORANGER / *Sédatif*
BARDANE / *Dépurative - Désinfectante*	ORIGAN / *Sédatif - Bechique*
BASILIC / *Calmant - Carminatif*	PÂQUERETTE / *Brûlures*
BOURRACHE / *Transpiration - Dépuratif*	PARIÉTAIRE / *Diurétique - Émollent*
BRUYÈRE / *Cystite*	PASSIFLORE / *Calmant - Cœur*
CAMOMILLE ALLEMANDE/ROMAINE / *Digestion - Sédatif - Antiseptique intestinal*	PERSIL / *Circulation du sang - Diurétique*
CAPILLAIRE DE MONTPELLIER / *Expectoration*	PERVENCHE / *Mémoire - Circulation cérébrale*
CAPUCINE / *Antibiotique - Dépurative*	PRIMEVÈRE / *Grippe - Sialogène*
CERFEUIL / *Digestion - Troubles de la circulation*	REINE DES PRÉS / *Calculs rénaux - Migraine*
CHÉLIDOINE / *Verrues*	ROMARIN / *Remontant - Foie*
CHÈVREFEUILLE / *Urinaire - Colibacillose - Cystite*	RONCE / *Gorge - Angines*
CHICORÉE / *Dépuratif*	SARRIETTE / *Constipation nourrissons*
CHIENDENT / *Diurétique*	SAUGE / *Libido dames - Antisudoral*
CITRONNIER / *Sédatif*	SCABIEUSE / *Gale*
COQUELICOT / *Calmante - Toux*	SERPOLET / *Digestif - Antispasmes*
CORIANDRE / *Carminatif - Digestif*	SOUCI / *Soin de la peau*
CUMIN / *Carminatif - Digestif*	TANAISIE / *Anémie - Goutte - Vermifuge*
FENOUIL / *Apéritif - Carminatif - Mange les graisses*	THYM / *Microbicide - Antiviral*
FUMETERRE / *Dépuratif - Fluidifiant du sang*	VALÉRIANE / *Sommeil - Antispasmodique*

GÉRANIUM ROBERT / *Dépuratif - Diurétique - Antidiarrheique*	VERGE D'OR / *Diurétique*
LAURIER NOBLE / *Digestif - Diurétique*	VERVEINE ODORANTE / *Digestif - Sédatif*
LAVANDE / *Calmant - Hypnotique*	VIOLETTE / *Adoucissant (fleurs-feuilles) - Vomitif (racines)*
LIERRE GRIMPANT / *Cellulite : voie externe seulement*	VIPÉRINE / *Nerfs*
LOTIER CORNICULE / *Pouvoir psy - Calmant*	

Ces indications sont succintes, bien consulter chaque nomenclature de ce livre, ou consulter l'ouvrage : SECRETS D'UNE HERBORISTE.

Évitez de faire vous-même les mélanges. Demandez conseil à votre herboriste ou votre pharmacien.

NOMENCLATURE

Le Basilic

Absinthe

SON HISTOIRE

Elle porte le nom de la déesse romaine Artémis, symbole de la féminité. La liqueur d'ABSINTHE interdite en France depuis 1915, est extrêmement toxique ; elle provoque des hallucinations et mène à la folie. Le poète Paul Verlaine a été l'une des victimes de celle que l'on appelait au début du siècle : « La fée verte ».

SES ATOURS

L'Absinthe est aussi belle que maléfique. Ses tiges qui mesurent environ soixante centimètres de hauteur portent des feuilles d'un blanc vert et des grappes de fleurs minuscules d'un jaune pâle. Son odeur est forte et tenace. L'Absinthe fleurit de juillet à septembre.

SON MILIEU NATUREL

On la trouve partout en Europe jusqu'à mille mètres d'altitude, et également en Afrique du Nord et en Amérique. L'Absinthe s'accomode des climats les plus rigoureux.

PLANTEZ

L'important est qu'elle ait suffisamment de place pour développer ses racines. On sème l'Absinthe au début du printemps. Mais on peut prélever sur un pied mère des morceaux de racine avec leurs yeux et les planter ainsi en ayant soin de bien les arroser.

CULTIVEZ

Il est inutile d'inonder votre Absinthe pendant l'été : Un arrosage de temps à autre fera l'affaire. Il faut débarrasser régulièrement la plante de la végétation superflue.

RÉCOLTEZ

On utilise la plante d'Absinthe après l'avoir soigneusement fait sécher.

SOIGNEZ

Elle est tonique, fébrifuge. En tisane, en vin, sous forme de bière et en poudre, l'Absinthe est un excellent vermifuge. On l'utilise également contre l'anémie, l'insuffisance hépatique, et le surmenage. Elle facilite les règles. En compresses, elle cicatrise les plaies.
En extrayant son jus que vous appliquerez sur la peau ou en mettant ses feuilles et ses fleurs dans un sachet que vous suspendrez dans votre cuisine ou dans votre chambre, vous éloignerez les moustiques et les mites.

VOTRE PALAIS Malgré son amertume, on utilise l'Absinthe pour parfumer les sauces. En vin tonique c'est un excellent apéritif.

ATTENTION Ne jamais utiliser l'Absinthe plus de huit jours consécutifs : ses effets seraient nuls. D'une façon générale respectez scrupuleusement les doses qui vous seront prescrites. Ne jamais mettre de l'Absinthe dans un récipient métallique : le tanin qu'elle contient déclenche une réaction qui la rend toxique.
Sa consommation est interdite aux femmes enceintes et aux mères qui allaitent. Ainsi qu'à ceux qui souffrent d'hémorragies de l'estomac ou des intestins.

Pimpinella anisum

Anis vert

SON HISTOIRE C'est Charlemagne qui exigea que cette extraordinaire plante originaire d'Égypte, soit cultivée en France. Pline l'Ancien accordait à l'Anis vert « le pouvoir du sommeil et la jeunesse du visage ». Pythagore lui attribuait une puissance surnaturelle.

SES ATOURS L'Anis vert qui appartient à la même famille botanique que la carotte, mesure entre vingt et soixante centimètres de hauteur. Ses feuilles d'un vert soutenu sont arrondies et dentelées à la base et pointues vers leur sommet. Elles sont divisées en segments. Ses fleurs sont petites et blanches, disposées en ombelles. Ses fruits ressemblent à de petits œufs. L'Anis vert fleurit en juillet.

SON MILIEU NATUREL L'Anis vert ne pousse plus guère aujourd'hui à l'état sauvage. On le cultive surtout dans le bassin Méditerranéen. C'est une plante qui demande un minimum d'égards mais qui n'est pas très exigeante. Réservez lui une place abritée où les rayons du soleil même hivernal lui donneront chaud au cœur.

PLANTEZ

Vous devez semer votre Anis vert chaque année car c'est une plante annuelle, entre le mois de mars et le mois de mai selon les régions en tenant compte des gelées tardives. L'Anis vert est peu exigeant sur la qualité du sol.

CULTIVEZ

Du soleil, encore du soleil, toujours du soleil ! N'oubliez jamais que Paris n'est pas la Grèce. Aussi n'hésitez pas à déplacer le bac où vous avez planté votre Anis vert au gré de la lumière et de la chaleur.

RÉCOLTEZ

On utilise les fruits et les semences. Les fruits viennent à maturité au mois d'août. Il faut alors couper les tiges, puis les séparer des fruits pour faire sécher ces derniers.

SOIGNEZ

En tisane pour stimuler la digestion. L'Anis vert est remarquable pour venir à bout des crises d'aérophagie les plus tenaces. Rappelez-vous qu'il entre dans la composition du fameux élixir parégorique qu'utilisaient nos parents et nos grands parents. Les Arabes emploient aussi l'Anis vert pour soigner les sciatiques. On l'utilise parfois aussi contre la surdité — lorsqu'elle est passagère et le résultat d'une infection en faisant des fumigations de graine d'Anis. Pour fortifier les gencives et avoir une haleine fraîche on peut se rincer la bouche avec de l'eau anisée. Il existe une préparation à base de cette plante qui est très efficace contre la gale et les poux. C'est un excellent galactogène et leucogène, ce carminatif est utilisé après les opérations pour faire évacuer les gaz.

VOS ANIMAUX

Si votre chien digère avec difficulté et vous le fait sentir faites lui absorber dans sa patée un peu de semence d'Anis pulvérisé.

VOTRE PALAIS

Les patissiers et les liquoristes utilisent avec doigté l'Anis vert comme parfum. L'Anisette et le Pastis ont suffit à rendre célèbre cette plante pour ses qualités gustatives. Enfin on utilise les feuilles d'Anis vert dans les salades pour relever leur goût et dans certains pays l'Anis remplace le thé.

ATTENTION

L'essence d'Anis obtenue après distillation est un stupéfiant et la plante favorise la multiplication des globules blancs.

Cynara Scolymus

Artichaut

SON HISTOIRE C'est un chardon sauvage amélioré par les hommes. Les Égyptiens l'offraient en présent à leurs Dieux. C'est seulement au XVIe siècle qu'il apparaît en France sur les tables.

SES ATOURS Ses grosses fleurs bleues, ses longues et larges feuilles décorent très agréablement un jardin potager, un jardin d'agrément et malgré l'ampleur de son développement, l'Artichaut n'est pas déplacé sur un balcon. Il joint l'utile à l'agréable.

SON MILIEU NATUREL Cette volumineuse plante à grosses racines est courante dans les potagers des régions tempérées. Elle supporte les terres sèches et aime le soleil.

PLANTEZ En semant des graines en mars ou avril. Mais la semence d'Artichaut est relativement chère. Aussi pour la première année achetez les graines chez un spécialiste et en petite quantité. Semez chaque graine dans un petit pot de façon à avoir sous la main des plants facile à repiquer.
L'Artichaut vit plusieurs années mais il est de moins en moins beau au fur et à mesure de son effeuillage. Songez donc à garder un fruit pour assurer sa reproduction au cours de l'année suivante. Vous trouverez les précieuses graines dans le fruit sec sous le foin. N'attendez pas pour les récolter que l'Artichaut soit trop sec, l'opération serait difficile... Enfin vous pouvez également prélever un jeune pied ou œilleton sur la racine du pied mère, au mois de septembre.

CULTIVEZ L'Artichaut aime une terre riche, drainée et arrosée. Ne le négligez pas ; il deviendra énorme. Mais il craint beaucoup le froid, ne l'oubliez pas. Vous devez l'en protéger.

RÉCOLTEZ Le fruit, bien sûr, que vous cueillerez au fur à mesure de la maturité.

Les feuilles aussi avec lesquelles vous confectionnerez des tisanes extrêmement efficaces, sinon agréables.
Les racines enfin pour faire des décoctions.

SOIGNEZ

En infusion la tisane de feuille d'Artichaut combat d'une façon très efficace le cholestérol et l'Urée.
Le fruit *cru* est un excellent stimulant des fonctions hépathiques.
Les racines font baisser la tension.

VOTRE PALAIS

Cru, cuit, nature avec un filet de citron ou une vinaigrette, l'Artichaut est un remarquable plat qui réjouira le palais des gourmets.

Consommé sans discernement les Artichauts peuvent provoquer des coliques et de violents maux d'intestin.

Asperula odorata

Asperule odorante

SON HISTOIRE

Stanislas, roi de Pologne (au XVIIe et XVIIIe siècle) qui vécut jusqu'à 85 ans, prenait chaque matin au saut du lit une tisane d'Aspérule. Le monarque attribuait à cette boisson l'étonnante verdeur qu'il garda jusqu'à sa mort.

SES ATOURS

On rencontre l'Asperule dans les sous-bois du nord et de l'est de l'Europe, jusqu'en Alsace, où elle forme une véritable voie lactée sur le sol. On l'appelle également «muguet des bois» et «petit muguet». Ses petites fleurs blanches fleurissent en effet en même temps que le muguet au mois de mai et de juin. Elles poussent à l'extrémité de tiges hautes de 20 à 40 centimètres. Les feuilles qui jalonnent ces tiges sont ovales et pointues à leur extrémité. L'odeur de l'Aspérule est très agréable. Elle tient de la vanille, du miel et du foin frais. On se sert de l'Aspérule pour parfumer certains tabacs blonds.

SON MILIEU NATUREL Elle aime les bois frais et humides. Prévoyez donc sa place au milieu d'autres plantes plus grandes qui la protègeront de la lumière trop crue.

PLANTEZ Préparez un sol léger fait de terreau et de terre de bruyère. Procurez-vous des griffes — des rhizomes — d'aspérule et enfouissez-les en surface dans le bac que vous lui destinez.

CULTIVEZ Il suffit — mais ce n'est pas toujours facile — d'entretenir autour de l'Aspérule un climat suffisamment humide pour la voir fleurir. Ce ne sera pas forcément et tout de suite la voie lactée que décrivent les romantiques botanistes des siècles passés, mais le résultat est suffisamment spectaculaire pour que votre peine soit récompensée.

RÉCOLTEZ Vers la fin juin ou le début de juillet, détachez les feuilles de leurs tiges et faites les sécher. Le résultat est extraordinaire : plus les feuilles sèchent plus l'odeur devient tenace.

SOIGNEZ En tisane l'Aspérule vient à bout des affections hépathiques. Elle freine le développement du collibacile. L'Aspérule est aussi un diurétique, un tranquillisant : un véritable anti-stress. Elle procure le sommeil du juste.

VOTRE PALAIS Dans l'est, en Allemagne et en Suisse, on fait macérer les feuilles fraîches d'Aspérule dans du vin blanc sec. C'est le « Maitank », une boisson digestive. L'infusion d'Aspérule est délicieuse, on s'en sert pour donner du goût aux plats sucrés.

ATTENTION L'Aspérule est absolument inoffensive et n'entraîne aucune accoutumance. A éviter si l'utilisateur est sous médicaments anticoagulants.

Arctium lappa

Bardane

SON HISTOIRE Baptisée « Herbe aux seigneurs » pour avoir guéri le roi Henri III de la syphilis, la Bardane est utilisée depuis le Moyen-Age pour soigner les maladies vénériennes et les maladies de la peau. D'où son autre nom : « Herbe aux teignes ». La Bardane contient un antibiotique végétal dont le pouvoir sur les staphylocoques est incontestable.

SES ATOURS

C'est une plante volumineuse dont la tige florale mesure 80 centimètres et même pafois un mètre de hauteur. Ses larges feuilles forment, la deuxième année de sa plantation, un magnifique et efficace paravent contre les regards indiscrets des voisins. Ses tiges florales se terminent par des grappes de fleurs violettes en forme de boule qui s'épanouissent à partir du mois de juillet et jusqu'au mois d'août.

SON MILIEU NATUREL

Lorsqu'elle est livrée à elle-même, dans la nature, la Bardane affectionne les bordures des chemins, les terrains incultes et même les décharges, pourvu que le terrain soit riche et lourd.

PLANTEZ

En février et mars vous avez le choix entre faire un semis sur place que vous éclaircirez quelques semaines plus tard ou à l'occasion d'une ballade à la campagne rapporter quelques beaux plants. La Bardane est une plante bisannuelle c'est-à-dire qu'elle fleurira la deuxième année de sa plantation.

RÉCOLTEZ

La récolte des racines se fait en octobre de la première année, ou au printemps de la deuxième avant le développement de la tige florale. (la racine d'une belle plante peut peser 200 à 3300 g.)

CULTIVEZ

Elle déteste les à coups. La Bardane demande un arrosage modéré mais régulier. Une période de sécheresse prolongée abimerait ses feuilles. Cette plante rustique devient magnifique en terrain riche en ammoniaque. Ne lui plaignez donc pas le fumier.

SOIGNEZ

On se sert surtout des racines parfois des feuilles. La première année vous pouvez récolter les feuilles à partir du mois de juin et jusqu'à la fin du mois de septembre.
La racine est utilisable dès le mois d'octobre de la première année. (Prévoyez plusieurs fleurs si vous voulez vous servir des racines).
La deuxième année vous pourrez à nouveau récolter les feuilles jusqu'à la floraison.
La Bardane fleurit en vous léguant ses graines contenues dans de désagréables petites boules collantes munies de minuscules griffes qui s'accrochent avec persistance aux cheveux et aux vêtements.

En Bretagne on conserve les feuilles de Bardane fraîches dans de l'huile pour s'en servir pendant l'hiver.

En infusion de racines, la Bardane vous aide à lutter contre le cholestérol, l'urée, l'arthrite, les rhumatismes et le diabète.
En cataplasmes de feuilles fraîches, la Bardane est souveraine pour soigner l'eczéma, le psoriasis, les ulcères variqueux et le torticolis.
On utilise également la Bardane en décoction pour prévenir la chute des cheveux.

LES ANIMAUX Réduites en poudre et mélangées à leur pâtée, les feuilles et les racines de Bardane soignent les maladies de peau des chiens et des chats.

VOTRE PALAIS On se sert des racines de Bardane comme remplaçant ! ! du café. Au Japon on les consomme à la façon des salsifis, leur goût rappelle celui des artichauts.

Ocimum basilicum

Basilic

SON HISTOIRE Qui ne connait de nom et de saveur le fameux « Pistou » cher aux Provençaux ! Au Moyen-Age on l'utilisait déjà comme condiment pour parfumer la cuisine. Mais pour arriver jusqu'à nous, il avait déjà fait un très long voyage, depuis les Indes Orientales en passant par l'Egypte et la Grèce. LesHébreux l'utilisaient comme médicament antispasmodique. Pline le prescrivait contre l'Epilepsie et les Arabes s'en servaient pour combattre les troubles dus à la vieillesse.

Qui n'a pas le cœur en fête en sentant l'odeur du Pistou ?

SES ATOURS

Cette plante cousine de la Menthe pousse en buisson d'environ trente centimètres de hauteur. Ses feuilles finement dentelées et très aromatiques sont d'un vert franc. Ses fleurs sont blanc-rosé et disposées en épis très longs. Elles sont particulièrement éclatantes au mois de juin.

SON MILIEU NATUREL

Cultivé dans la région méditerranéenne le Pistou est très frileux. Il pousse cependant très facilement pourvu qu'il voit les rayons du soleil.

PLANTEZ

Semez en février ou mars ou procurez-vous des plantons en pot. Il faut au Basilic un sol très meuble et riche en matières organiques. Ce qui ne doit pas poser de problème même sur un balcon citadin. Il est indispensable d'arroser souvent votre semis, de lui donner une bonne exposition au soleil et de le préserver des gelées printanières.

CULTIVEZ

Inutile d'abreuver d'eau votre plant de Basilic une fois qu'il s'est développé. Les pays dont il est originaire lui ont enseigné à faire le dos rond devant la sécheresse.

RÉCOLTEZ

Du mois de juin jusqu'au mois de septembre vous pouvez utiliser ses feuilles vertes. Si vous désirez conserver les feuilles sèches pour l'hiver, récoltez les avant la floraison.

SOIGNEZ

En infusion comme stimulant, comme diurétique et aussi comme tranquillisant.
En décoction, en gargarisme pour soigner les angines et en application pour venir à bout de aphtes.
En poudre pour soigner les affections des voies respiratoires.
En prise (comme du tabac à priser) pour calmer les éternuements et pour récupérer un peu d'odorat lorsque celui-ci commence à s'émousser.

Dans les salades seul ou avec d'autres condiments, dans les sauces ou pour accompagner un poisson le Pistou est très agréable. Sans oublier la fameuse soupe qui porte son nom.

Bourrache

SON HISTOIRE

Au Moyen-Age Albert le Grand écrivait que la bourrache était « génératrice de bon sang ». Selon certains botanistes, son nom vient de Abou Rach que lui ont donné les Arabes et qui signifie « père de la sueur ». Selon les médecins Bourrache viendrait de Borrago-une altération de Cor Ago et qui signifie « Je stimule le cœur ». Les anciens pensaient que la Bourrache procurait « une grande euphorie ».

Si quelqu'un de ta famille meurt devant toi, prends de la Bourrache et ne t'attriste pas. Et : « Bourrache peut dire, et c'est la vérité, je soulage le cœur, j'enfante la gaieté. »

SES ATOURS

Originaire d'Europe méridionale, la Bourrache est depuis longtemps cultivée comme plante médicinale, alimentaire et ornementale. Grosse plante à feuilles velues, sa tige florale creuse peut atteindre 80 centimètres de hauteur.
La Bourrache est très décorative. Ses feuilles dressées drues riches sont serrées les unes contre les autres et forment une grosse touffe. Ses fleurs sont blanches ou d'un bleu céleste et groupées en grappes. La Bourrache fleurit d'Avril jusqu'aux premières gelées.

SON MILIEU NATUREL

On rencontre la Bourrache dans les champs en friche, près des maisons. À condition que le terrain soit riche et exposé au soleil. Elle craint les gelées.

PLANTEZ

En février jusqu'en avril, semez les graines de Bourrache dans un sol léger si vous voulez que votre plante pousse rapidement. Si vous achetez des pieds déjà formés en godet, leur reprise est aisée. Mais ne tardez pas à les mettre en place. Vous pouvez tout aussi bien conserver les graines d'une année sur l'autre ou laisser tout simplement votre Bourrache semer ses graines autour d'elle. (Attention aux oiseaux !)

Très rustique, la Bourrache est facile à cultiver. Elle est, si l'on en croit l'agronome Olivier de Serre, capable d'endurer patiemment la négligence du jardinier. Ne l'abandonnez pas pour autant à son sort elle deviendrait grêle et même squelettique. Avec quelques égards, la petite graine se transformera en une très belle touffe verte et bleue. CULTIVEZ

On utilise tout dans la Bourrache : les fleurs, les feuilles et même les tiges. Les fleurs sont récoltées au moment de leur pleine floraison en juin et juillet afin d'être séchées. Il faut pour cela les mettre à l'abri du soleil afin qu'elles ne perdent pas leurs couleurs. RÉCOLTEZ

En tisane contre le rhume, les bronchites et la grippe. Et aussi comme diurétique. SOIGNEZ
En cataplasme de feuilles fraîches écrasées, contre les furoncles et l'acnée. Également en feuilles sèches cuites dans un peu d'eau pour venir à bout des rhumatismes et pour soulager la goutte.

En compresse sur le visage pour préserver les peaux fragiles et sèches. VOTRE BEAUTÉ

Les très jeunes feuilles de Bourrache se dégustent comme les épinards ou en salade (elles valent bien la laitue). Dans la région de Nice on fait des beignets de fleurs de Bourrache. Les fleurs de Bourrache qui sont d'autre part très décoratives, peuvent être consommées crues. Elles ont un léger goût d'huître — on en fait des « bouquets d'hiver ! » VOTRE PALAIS

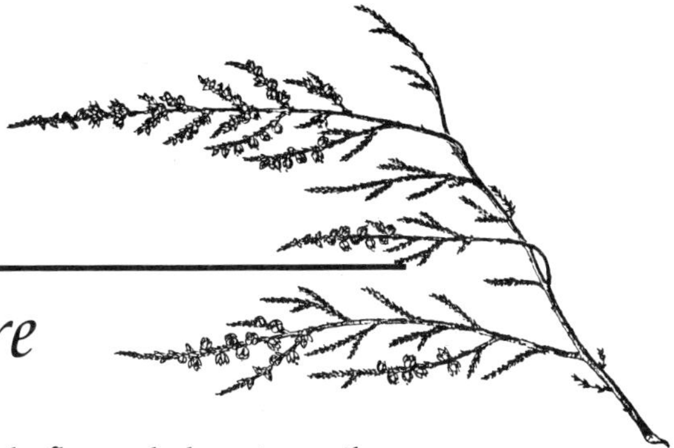

Calluna vulgaris

Bruyère

L'hydromel de Bruyère, une décoction de fleurs de bruyère mélangées à du miel, était la boisson préférée des Celtes. Au XIXe siècle Chateaubriand affirmait que la bruyère incitait à la solitude et au recueillement. SON HISTOIRE

SES ATOURS Les tiges tortueuses de cet arbrisseau d'une vingtaine de centimètres de hauteur, ses petites feuilles persistantes, ses fleurs mauves pressées en grappes font de la Bruyère un élément décoratif de premier ordre. La Bruyère fleurit de juillet à novembre suivant le temps, la région et l'altitude.

SON MILIEU NATUREL Les terrains siliceux sont le paradis d'élection de la Bruyère. La terre qui porte son nom est bien entendu toute indiquée pour remplir le bac qui recevra ses pieds. Inutile de dépenser des trésors d'imagination pour savoir quand vous devez l'arroser : un verre d'eau à moitié vide resté sur la table à la fin des repas fera l'affaire.

PLANTEZ Semez votre graine de Bruyère fin mars ou dans le courant d'avril. Mais si vous passez dans un endroit où elle pousse à l'état sauvage prélevez un pied, emmaillotez la motte et les racines dans un sac de plastique un peu humide et une fois arrivé chez vous transplantez là. Ne craignez pas de prendre une motte importante car les racines de Bruyère sont profondes et nombreuses. Il ne faut ni les couper ni les amputer de peur de compromettre la reprise. Enfin arroser là abondamment pendant cette période un peu traumatisante, elle s'acclimatera à sa nouvelle vie.

CULTIVEZ Si le sol que vous avez prévu convient à votre plantation de Bruyère — siliceux et de préférence riche en potasse — vous n'avez pas de soucis à vous faire. Le bac dans lequel vous l'avez planté débordera rapidement sous les tiges. Et vous garderez longtemps, très longtemps votre Bruyère pour le plus grand plaisir de vos yeux.

RÉCOLTEZ On utilise surtout les fleurs mais également la plante entière séchée. La « récolte » se fait en août et en septembre.

SOIGNEZ En infusion : contre les cystites. Il est rare qu'une cystite résiste plus de 48 heures à la tisane de Bruyère. Elle combat aussi la formation de calculs dans les reins, l'urée et nettoie l'organisme des déchets qui s'y accumulent. Les anciens disaient que la Bruyère « cassait la pierre ».
En décoction la Bruyère est un diurétique et un antiseptique contre l'infection des voies urinaires.

En compresse la Bruyère est efficace contre les dartres et efface ou atténue les taches de rousseur.

Quelques cuillères à café d'infusion de Bruyère dans la pâtée des chiens évite les complications urinaires dont sont très souvent victimes nos compagnons lorsqu'ils atteignent un certain âge.

Matricaria chamomilla

Camomille allemande

SON HISTOIRE

Les Égyptiens dédiaient la Camomille allemande au soleil parce qu'ils avaient remarqué que cette plante avait une action particulièrement efficace contre la fièvre. Le médecin Grec de l'Antiquité Gallien préconisait son emploi contre les courbatures et les « misères féminines ». Les apiculteurs se frottaient jadis les mains et le visage avec des feuilles froissées de Matricaire — c'est son nom scientifique — car l'odeur forte de la plante éloigne les abeilles.

SES ATOURS

Cette « petite » Camomille mesure en moyenne 40 centimètres de hauteur. Elle fleurit de mai à octobre. Ses fleurs sont groupées au sommet des rameaux. Celles du pourtour sont blanches, elles ont un pistil mais pas d'étamine. Celles du cœur sont jaunes.

SON MILIEU NATUREL

La Matricaire pousse dans toute l'Europe dans les champs et au bord des chemins. Mais on la rencontre également en Asie du sud-ouest, en Afrique du nord, en Amérique du nord et en Amérique du sud. Elle se fait rare en France notamment dans le midi.

PLANTEZ

Vous sèmerez les graines de cette plante annuelle au mois de mars ou d'avril. Toutes les sortes de sol lui conviennent.

CULTIVEZ

Elle ne demande aucun soin particulier : des arrosages réguliers, une exposition ensoleillée de préférence, et la Matricaire ne vous donnera que du contentement.

SOIGNEZ Ce sont les fleurs de Matricaire qu'on utilise comme condiment ou comme médicament. Il faut les cueillir avant leur épanouissement total. Détachez les boutons et faites les sécher à l'ombre au dessous de 35° sinon leurs propriétés s'évanouiront presque entièrement par évaporation de ses composants.

En tisane la Matricaire est apéritive et digestive. Elle est souveraine en cas d'insuffisance hépatique. Elle soigne aussi les ulcérations et les irritations de la muqueuse intestinale.

VOTRE BEAUTÉ Avec un rinçage à base de Matricaire les cheveux blonds prennent de l'éclat et acquièrent de très seyants reflets.

Chamomilla nobile

Camomille romaine

SON HISTOIRE On attribue à un certain Camerarius la découverte, près de Rome, de notre bonne vieille Camomille (d'où son nom). Mais c'est à Galien qu'appartient le mérite de l'avoir le premier utilisée contre tous les maux de tête : migraines, névralgies etc... La Camomille romaine est aussi connue depuis longtemps comme plante d'ornement.

SES ATOURS Les fleurs blanches qui se dressent comme de petits pompons à l'extrémité de tiges d'une vingtaine de centimètres de hauteur et l'odeur très particulière qui s'en dégage ne peuvent tromper les amateurs de Camomille. La plante se recouvre de fleurs de juillet à septembre.

SON MILIEU NATUREL On trouve la Camomille surtout dans l'ouest de la France, dans les champs et dans les jardins. Elle cohabite facilement avec d'autres plantes. À l'état sauvage son cœur est jaune. Cultivée elle est entièrement blanche.

PLANTEZ Elle s'accomode de tous les sols. Vous pouvez planter votre Camomille soit en la semant au mois de mars, soit par « éclatement » en prélevant des morceaux de racine d'un pied mère à l'automne ou au printemps.

CULTIVEZ

Pour qu'elle soit belle il faut à la Camomille un minimum d'humidité. N'oubliez pas que sa terre d'élection est l'ouest de la France, notamment l'*Anjou* où on la cultive à grande échelle. De toute manière n'espérez pas la voir pousser très haut. Elle atteindra difficilement plus de 30 centimètres.

RÉCOLTEZ

On ramasse les fleurs de Camomille au mois de juin lorsqu'elles s'épanouissent. Il faut les faire sécher à l'ombre dans un endroit sec. Si vous désirez faire des récoltes régulières il faut prévoir une rotation de vos plantes, car la Camomille romaine ne fleurit que la deuxième année après sa plantation. À titre de curiosité sachez qu'en Anjou on la récolte à la main et qu'il faut 7000 fleurs pour obtenir 1 kilo de Camomille. D'où son prix un peu élevé.

SOIGNEZ

En tisane la Camomille est très efficace contre les maux de tête, la grippe, la fièvre et les courbatures.
En macération, elle facilite la digestion.
En bain d'yeux elle soulage et même guérit les conjonctivites.
En bain d'yeux la Camomille fait dégonfler les paupières. Ses fleurs pulvérisées et mélangées à un lait démaquillant font un masque adoucissant.

VOTRE PALAIS

On utilise parfois la Camomille pour aromatiser la bière. Elle entre dans la préparation de vin apéritif à l'orange.

Adiantum capillus veneris

Capillaire de Montpellier

SON HISTOIRE

Elle a ses titres de noblesse. Olivier de Serre, le père de l'agriculture française la cultivait au XVIe siècle dans son célèbre jardin médicinal du Pradel en Vivarais. « Le cheveu de Vénus — c'est le nom populaire de la Capillaire de Montpellier —, écrivait-il, brise la pierre, la gravelle fait uriner, étanche le flux de sang coulant du nez, guérit la teigne et la jaunisse ». Au XVIIIe siècle la Capillaire de Montpellier faisait le bonheur des habitués du café Procope rue de Seine à Paris qui buvaient la fameuse « Bavaroise ». Un sirop à base de lait dont la plante a macéré.

SES ATOURS C'est une jolie fougère de dix centimètres de hauteur très décorative avec de petites feuilles disposées symétriquement sur les six ou sept tiges qui forment une touffe.

SON MILIEU NATUREL On trouve la Capillaire de Montpellier dans les murs et entre les pierres, au dessus des puits et dans les endroits humides.

PLANTEZ Vous aurez certainement beaucoup de difficultés à planter la Capillaire de Montpellier, mais persévérez car l'enjeu vaut la chandelle. Trois solutions à ce délicat problème : Vous allez acheter un pot de capillaire chez votre fleuriste et vous le plantez ; vous prenez un pied mère sur un mur et vous le transplantez chez vous. Vous prélevez des spores de la plante et vous les disposez sur un sol léger composé de terreau (ce qui correspond à un semis). Cette troisième et dernière solution est hypothétique. Mais les amateurs de difficultés y trouveront matière à réflexion. La Capillaire de Montpellier refleurira beaucoup dans le pot de votre Azalée si vous êtes de ceux — nombreux je l'espère — qui savent les élever.

CULTIVEZ Humidité, ombre, la Capillaire de Montpellier a horreur des appartements chauds. Elle se plaira sur votre balcon dans la mesure où vous pourrez l'installer dans son cadre de vie naturel. Munissez-vous d'un petit pulvérisateur pour l'asperger de temps en temps : elle adorera !

RÉCOLTEZ On utilise la Capillaire de Montpellier fraîche ou séchée.

SOIGNEZ En tisane ou en sirop contre la toux, les bronchites et les rhumes. On l'utilise également pour combattre la coqueluche.

En vin comme shampoing pour favoriser la repousse des cheveux.

VOTRE PALAIS Si vous êtes particulièrement curieux, essayez donc de fabriquer la fameuse « Bavaroise ». Vous saurez si nous avons le même goût que nos arrières grands-parents.

Tropaeolum majus

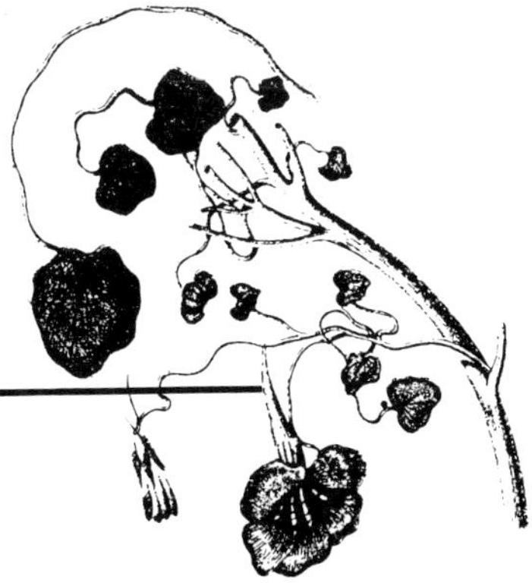

Capucine

SON HISTOIRE

Les conquistadores rapportèrent la Capucine de la Cordillère des Andes en même temps que l'or des Incas. Son nom provient de la forme de ses fleurs qui ont la forme de capuche. La Capucine possède des propriétés aphrodisiaques qui l'on fait surnommer « fleur de l'amour ».

SES ATOURS

Il existe trois variétés de Capucine : la naine, la moyenne et la grimpante. Ses feuilles rondes sont d'un beau vert. Ses fleurs à capuche vont du jaune au rouge foncé. L'ensemble est très décoratif. Les Capucines fleurissent d'avril à septembre.

SON MILIEU NATUREL

Les lieux humides sont les endroits préférés des Capucines. La plante aime les terres meubles, légères, le grand air et une chaleur tempérée.

PLANTEZ

C'est une plante annuelle et vous devrez donc semer vos Capucines tous les ans au printemps. Mais ce n'est pas bien grave car le semis ne pose pas de problème particulier et on se procure aisément des graines de cette plante. Surveillez seulement de près vos Capucines lorsqu'elles mettront le nez hors de terre car elles sont alors et pour quelques jours plus délicates et sensibles aux gelées. Si le froid menace couvrez-les la nuit ou changez leur bac de place afin qu'il soit plus à l'abri.

CULTIVEZ

Méfiez-vous des courants d'air : les Capucines en a horreur ! Méfiez-vous aussi des pucerons des chenilles des limaces et des escargots : ils les adorent.

RÉCOLTEZ

On utilise les feuilles, les fleurs et les « sommités fleuries » (l'ensemble tiges fleurs) ainsi que les fruits que l'on récolte en juillet et en août pour les faire sécher.

SOIGNEZ

En tisane et en sirop pour toutes les maladies respiratoires notamment les bronchites. On utilise même les Capucines contre la tuberculose.
En tisane également comme aphrodisiaque et pour retarder les effets de l'âge.

SOIGNEZ

On a trouvé dans la Capucine des substances antibiotiques. Heureusement elles ne semblent pas mettre en danger la flore intestinale.
Les semences contenant des essences sulfurées aident à la repousse des cheveux et en arrêtent la chute.

VOTRE PALAIS

Dans un potage ou en association avec des pommes de terre, les Capucines donnent aux plats un parfum très délicat. Crues avec les salades, ses fleurs ont un goût poivré.

Amthriscus cerefolium

Cerfeuil

SON HISTOIRE

Les Grecs lui ont donné son nom, mais c'est au Moyen-Âge que le Cerfeuil a connu une très grande vogue comme plante médicinale. On le prescrivait alors pour « déboucher le foie, les reins, pousser les urines et le gravier, faciliter le mouvement des liqueurs, entretenir la circulation du sang et le purifier. »

SES ATOURS

Les tiges de Cerfeuil ont entre 20 et 80 centimètres de hauteur. Ses feuilles sont fines luisantes et odorantes. Ses fleurs sont blanches et roses, disposées en ombelle. Elles fleurissent de mai à août.

SON MILIEU NATUREL

Il existe à l'état naturel dans toute l'Europe du sud-est. Mais le Cerfeuil est généralement cultivé dans les jardins potagers pour ses propriétés aromatiques. Il adore les terres sèches, plutôt légères.

PLANTEZ

On peut semer le Cerfeuil d'octobre à mai. C'est une plante annuelle mais cet inconvénient n'est pas très grand car on réussit très facilement le semis.

CULTIVEZ

Plantez votre Cerfeuil dans un endroit assez ombragé, entretenez autour de lui une humidité bienfaisante et aérez très souvent la terre.

On récolte les feuilles de Cerfeuil au moment de la formation des fleurs. On les fait sécher à l'ombre. Si l'on veut conserver à la plante tout son parfum, il faut la ranger à l'abri du soleil et de l'air. RÉCOLTEZ

En tisane le Cerfeuil est un excellent diurétique.
En cataplasme il est très efficace contre les piqûres d'insectes, l'eczéma et les hémorroides. SOIGNEZ

Les feuilles de Cerfeuil séchées incorporées à la pâtée des chiens et des chats facilitent la digestion de nos compagnons et le transit intestinal. LES ANIMAUX

C'est une des fines herbes que l'on emploie couramment dans les omelettes, les salades et le potage. VOTRE PALAIS

En cataplasme pour prévenir les rides et défripper les visages fatigués. VOTRE BEAUTÉ

Il ne faut pas faire bouillir, le Cerfeuil son principe actif est détruit par la chaleur. ATTENTION

Chelidonium majus

Chelidoine

SON HISTOIRE

On la nomme «herbe aux hirondelles» car elle pousse quand les oiseaux arrivent et meurt à leur départ. Les effets de la Chelidoine étaient au Moyen Âge si extraordinaires, notamment sur la vue, qu'on avait cru avec elle découvrir la pierre philosophale. La Chelidoine devait en principe participer à la transmutation des métaux en or. La Chelidoine est depuis toujours connue pour faire disparaître en quelques jours les verrues les plus rebelles. Ne jamais en mettre dans les yeux car étant donné que le Suc détruit cors au pied et verrues, les yeux si fragiles seraient blessés.

SES ATOURS

Les tiges de Chelidoine sont velues et se dressent à environ 20 centimètres du sol. Ses feuilles vertes sont plus pâles dessus que dessous et ses fleurs jaunes groupées de 2 à 7 en petites ombelles acquièrent tout leur éclat d'avril à octobre. La plante secrète un latex jaune orangé qui sur la peau vire au BRUN.

SON MILIEU NATUREL Les fossés, les haies, les murs, tous les lieux humides et frais sont propices à la Chelidoine. On trouve la plante à peu près partout en France sauf en altitude au dessus de 800 mètres.

PLANTEZ C'est une plante vivace que l'on sème au printemps (pas avant le mois d'avril, pas après le mois de mai) dans un sol léger sans excès afin qu'il puisse retenir un minimum d'eau. On peut très facilement arracher une jeune plante de son talus et la transplanter. Elle ne craint pas l'ombre ni les endroits humides.

CULTIVEZ Arrosez régulièrement votre plantation. Évitez d'exposer la Chelidoine aux rayons du soleil les beaux jours venus. À part cela, elle ne craint rien pas même les petites gelées matinales.

RÉCOLTEZ On récolte la Chelidoine au mois de mai. On utilise toutes les parties de la plante, fleurs, feuilles après les avoir fait sécher à l'abri de la lumière.

SOIGNEZ En décoction pour traiter la goutte et l'arthrite.
En vin comme dépuratif.
En extrayant son suc qui sert à faire disparaître les verrues et les cors aux pieds. (N'oubliez pas de protéger les parties saines de la peau de tout contact avec la Chelidoine.)

ATTENTION La Chelidoine contient beaucoup d'alcaloïdes parmi lesquels la chélidonine, la berberine et la sparteine. C'est à ce titre une plante extrêmement toxique à ne jamais utiliser fraîche en usage interne — seulement *sèche* et en très petite quantité.

Lonicera periclymenun

Chevrefeuille

SON HISTOIRE Il est si connu et depuis si longtemps pour son élégance, la beauté de ses fleurs, leur odeur, son action fébrifuge et également pour sa toxicité. L'histoire du Chevrefeuille se perd dans la nuit des temps. Son nom rappelle l'attirance que les chèvres ont pour ses feuilles. Selon les régions on le nomme : Saute buisson, Herbe de la Pentecôte, Braquebique et Crinquiller. Son appelation scientifique : Lonicera vient du nom du médecin allemand Lonitzer qui l'a fait connaître en le décrivant dans un de ses ouvrages consacré aux « simples ».

SES ATOURS

Véritable petit arbre grimpant, le Chevrefeuille peut atteindre trois ou quatre mètres de hauteur. Ses fleurs blanches rosées aussi odorantes que gaies en font un élément de décoration très apprécié. Sa floraison s'étend de juin à septembre.

SON MILIEU NATUREL

Le Chevrefeuille pousse à peu près partout en Europe à l'état sauvage. Il s'accomode des situations et des climats les meilleurs comme des pires.

PLANTEZ

En semis ou en bouture au printemps. Prévoyez un emplacement proche d'une palissade ou d'un mur sur lequel votre Chevrefeuille pourra grimper pour croître et embellir.

CULTIVEZ

Il résiste aisément à la sécheresse et au froid. Et si d'aventure les gelées lui étaient fatales, ne vous désespérez pas neuf fois sur dix il repartira du pied et du bon.

RÉCOLTEZ

On utilise les feuilles du Chevrefeuille et ses fleurs que l'on récolte de juin à septembre. Jadis on utilisait également les baies. Mais je vous le déconseille fortement à cause de leur toxicité.

SOIGNEZ

En infusion le Chevrefeuille est efficace contre la colibacillose, la cystite et les calculs rénaux. En gargarisme c'est un médicament efficace contre les angines.
En bain de bouche il calme les inflammations bucales.

ATTENTION

À cause de sa toxicité l'emploi en Pharmacie du Chevrefeuille — dont le sirop de fleurs figurait jadis au codex — a été pratiquement abandonné.

Chicorée

SON HISTOIRE

Quatre mille ans avant Jésus Christ un papyrus égyptien en parlait déjà. C'est le blocus continental sous Napoléon Ier qui fit à nouveau connaître cette plante que l'on utilisa alors, faute de mieux comme breuvage. Depuis lors, on torréfie sa racine pour remplacer le café. Auparavant on utilisait la Chicorée uniquement comme plante médicinale et pour faire des salades. Au Moyen Âge elle s'appelait Héliotrope. On la nomme encore : « Herbe de capucin » ou « Yeux de chat » ou Herbe à Café.

SES ATOURS

Les tiges de Chicorée, hautes de 80 centimètres sont raides et portent des longues feuilles découpées de forme légèrement différentes selon qu'elles se trouvent placées vers la base ou vers l'extrémité de la tige. Ses fleurs sont d'un joli bleu et fleurissent durant tout l'été.

SON MILIEU NATUREL

Si elle vit à l'état sauvage sur les talus et les chemins, la Chicorée se comporte très civilement dans les jardins où elle se cultive on ne peut plus aisément.

PLANTEZ

Uniquement par semis et au printemps. On éclaircit les semis par la suite. N'hésitez pas à semer beaucoup vous pourrez ainsi facilement choisir les meilleurs plants.

CULTIVEZ

Plantée dans de la bonne terre bien arrosée la Chicorée deviendra un important buisson et vous pourrez ainsi vous régaler la vue pendant tout l'été en l'utilisant pour décorer vos plats et particulièrement vos salades de ses jolies fleurs bleues.

RÉCOLTEZ

On utilise les fleurs et les racines (Une racine de Chicorée de huit mois à un an pèse environ 35 grammes) elle contient de l'insuline.

SOIGNEZ

En infusion de feuilles, de fleurs, de graines et de racines pour venir à bout des maladies de foie, jaunisses etc... et aussi des furoncles et eczémas. En utilisant son suc comme dépuratif.
En sirop comme laxatif.

En friction pour empêcher l'amaigrissement des membres chez les paralysés ou les malades immobilisés pendant de longs mois.

VOTRE PALAIS

La racine de Chicorée une fois torréfiée est un succès d'année du café. Les feuilles de Chicorée se mangent en salade. (À condition d'aimer les mets un peu amers)

ATTENTION

L'usage de la Chicorée sauvage peut provoquer des brûlures d'estomac.

Cynodon dactylon

Chiendent

SON HISTOIRE

C'est l'Ivraie des écritures, la terreur des jardiniers et le bonheur des phytothérapeutes. Le Chiendent était à l'ordinaire de nos ancêtres de la préhistoire : la farine fabriquée avec son rhizome faisait partie de leur nourriture.

SES ATOURS

Long grèle, rampant, la tige provenant du rhizome de Chiendent peut mesurer jusqu'à un mètre vingt de longueur. Ses feuilles sont d'un beau vert clair, fines et allongées. Ses fleurs blanches minuscules apparaissent de juin à septembre. Elles sont groupées par 5 ou 6 en petits épis. Ses racines souterraines sont beaucoup plus importantes que ses tiges.

SON MILIEU NATUREL

Les jardins et les champs cachent tous plus ou moins du Chiendent. Il envahit tout. Il est très difficile de le supprimer et étouffe les cultures. Les agriculteurs ne savent qu'inventer pour s'en débarrasser.

PLANTEZ

Vous prenez un morceau de racine fibreuse de Chiendent, n'importe où et à n'importe quelle époque de l'année sans aucune précaution spéciale, vous l'enfouissez dans n'importe quelle terre et le tour est joué !

CULTIVEZ Nul besoin de vous occuper de votre Chiendent si ce n'est pour l'empêcher d'envahir les bacs contenant les plantes voisines. En mini-pelouse, bien taillé raz et arrosé c'est superbe !

RÉCOLTEZ La racine fibreuse que l'on utilise pour les préparations se récolte de mai à septembre et se fait sécher. Il faut auparavant la laver soigneusement et la conserver dans un endroit très sec.

SOIGNEZ Avec des tisanes dont les qualités émollientes et diurétiques sont remarquables contre les inflammations urinaires, digestives, les cystites et les lythiases. Le Chiendent est également utilisé comme dépuratif contre l'eczéma et peut atténuer les troubles de la ménopause.

VOS ANIMAUX Les chiens et les chats recherchent les feuilles de Chiendent pour provoquer des vomissements qui ramonent leur tube digestif et éliminent les poils qu'ils ont avalés en faisant leur toilette.

Citrus medica ou Citrus limonum

Citronnier

SON HISTOIRE Cet arbrisseau connu de tous dans le monde entier est originaire de la Médie (la partie de l'Iran située entre la mer Caspienne et le bassin du Tigre). Il a gagné l'Europe à la suite des conquêtes d'Alexandre, vers le IVe siècle. Par la suite ce sont surtout les Arabes qui l'ont propagé à travers le monde. Le Citronnier a toujours été considéré à la fois comme un arbre d'ornement et comme un arbre fruitier à vocation médicale. Le citron était jadis utilisé comme antidote. Néron qui redoutait d'être empoisonné en consommait en très grande quantité.

Ses tiges aux feuilles ovales odorantes se couvrent de fleurs blanches et roses. La floraison du Citronnier est continue. Au bout de plusieurs années, s'il est convenablement soigné, un Citronnier peut devenir un véritable petit arbre et mesurer jusqu'à quatre mètres de hauteur.

SES ATOURS

C'est un arbre des régions chaudes ou tout au moins tempérées. Il craint le gel et les courants d'air.

SON MILIEU NATUREL

Il se plante par bouture au début de l'été, (en atmosphère humide et chaude) et par greffe au printemps (jamais par semis) dans un terrain riche et bien drainé. Mais son implantation est très délicate. Même les spécialistes n'arrivent pas toujours à réussir leurs boutures et leurs greffes. Aussi dans un premier temps est-il préférable de se rendre acquéreur d'un Citronnier tout prêt même s'il vous semble ridiculement petit ou d'un prix élevé. Si vous aimez les difficultés essayez par la suite les boutures et les greffes.

PLANTEZ

Le Citronnier doit être taillé en hiver mais avec beaucoup de circonspection. Car il fleurit sur des rameaux vieux déjà de deux ans. En hiver il faut le rentrer dans l'appartement ou à l'intérieur d'une serre. À défaut vous serez obligé de l'entourer de paille ou d'un film de plastique pour le préserver du gel (sans qu'il touche les feuilles car il risquerait de les brûler). Il faut de temps à autre apporter à votre citronnier une fumure équilibrée (à acheter chez votre fleuriste) sous peine de voir les fruits tomber.

CULTIVEZ

Les fleurs du Citronnier font d'excellentes tisanes. Quant aux fruits dont vous pourrez disposer durant toute l'année, vous serez ravis de les voir présents sur votre table. Parfois le citronnier porte les fruits de l'année précédente en même temps que les fleurs de l'année.

RÉCOLTEZ

En infusion, contre les coliques et les crises de foie.
En citronnade pour juguler la fièvre.
En écrasant les fruits vous confectionnerez un excellent vermifuge.
En sirop : le citron qui contient de la vitamine C est un parfait antiscorbutique.
En macération vous pourrez prévenir les engorgements du foie.
En gargarisme pour venir à bout des angines.
En application pour la cicatrisation des plaies (Attention ça pique !), des engelures et contre les piqûres d'insectes.

SOIGNEZ

VOTRE BEAUTÉ Appliqué sur le visage avec un tampon d'ouate, le citron éclaircit, tonifie et repose l'épiderme. On l'utilise aussi pour raffermir les ongles, adoucir les mains et les rendre plus blanches.
— L'écorce sèche suspendue dans les armoires chasse les mites.
— Quelques gouttes dans les huitres 1/4 d'heure avant de les consommer les débarrasse de 93 % de leurs bactéries.

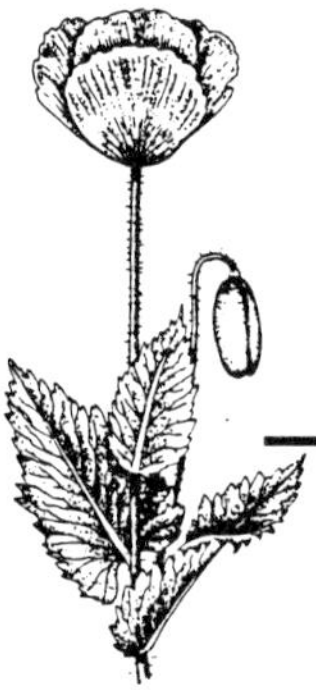

Papaver Rhoeas

Coquelicot

SON HISTOIRE Jusqu'au XVIe siècle le Pavot se nommait « coquericot » par analogie avec le chant du coq dont il a la couleur et la crête. Le Coquelicot qui décore nos champs est connu depuis toujours. Les Égyptiens, les Grecs et les Romains se servaient couramment de ses graines auxquelles ils attribuaient des vertus laxatives.

SES ATOURS Tout le monde connaît et reconnaît cette grande plante haute d'une cinquantaine de centimètres environ aux feuilles poilues et aux grandes fleurs rouges écarlates à quatre pétales dont le cœur est noir. La floraison du Coquelicot a lieu de mai à septembre.

SON MILIEU NATUREL Cette « mauvaise herbe » aime les champs et souvent les lieux qui sont temporairement laissés à l'abandon. Elle est commune à toute l'Europe. Au printemps les champs rouges de Coquelicot donnent à la campagne un air de fête.

PLANTEZ Comme la plupart des plantes annuelles, le Coquelicot se sème à partir du mois de mars. Ne craignez pas de faire des semis importants, ils vous serviront par la suite. La graine est extrêmement fine et légère et tous les sols lui conviennent. Il faut faire plusieurs semis si l'on veut avoir des Coquelicots en fleur pendant tout l'été car la plante se dessèche, se flétrit assez rapidement et n'est plus alors très décorative.

CULTIVEZ

Attention aux gelées tardives, elles risquent de réduire à néant vos efforts en quelques heures. Ne craignez pas de vous débarrasser des tiges qui ont mauvaise mine. Laissez grainer quelques fruits pour avoir un semis naturel sur place.

RÉCOLTEZ

On utilise les pétales des fleurs de Coquelicot que l'on récolte au fur à mesure de leur avènement de mai à septembre. Les pétales sont très difficiles à faire sécher. Il faut les étendre à l'ombre en évitant de les manipuler avant qu'ils ne soient complètement secs.

SOIGNEZ

En tisane contre le rhume, la bronchite, les angines, l'asthme et la coqueluche. En infusion ou en sirop pour dégager les voies respiratoires et comme somnifère. L'effet narcotique des pétales de Coquelicot est assez faible. Ils peuvent être utilisées sans danger pour les enfants et les personnes âgées. En cataplasme pour venir à bout des abcès dentaires et contre l'ophtalmie.

ATTENTION

L'intérieur de la fleur et les graines de Coquelicot sont toxiques et d'un emploi très délicat. Il est conseillé de ne ramasser que les pétales.

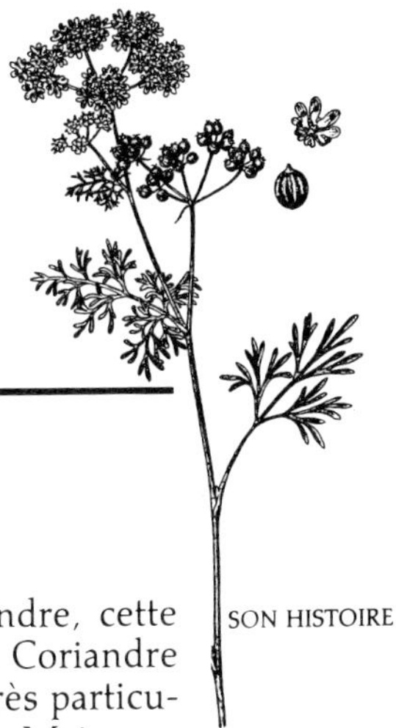

Coriendrum savitum

Coriandre

SON HISTOIRE

Mille ans avant Jésus-Christ on cultivait déjà le Coriandre, cette herbe originaire d'Asie Mineure et d'Afrique du Nord. Coriandre vient de Koris qui signifie punaise en raison de l'odeur très particulière et très prononcée de la plante lorsqu'elle est fraîche. Mais rassurez-vous une fois le Coriandre sec l'odeur disparaît et laisse place à un parfum agréable doublé d'une saveur aromatique.

SES ATOURS Les tiges de Coriandre longues de 20 à 60 centimètres portent des feuilles d'un beau vert franc et luisant. Ses fleurs blanches et d'un blanc rose sont disposées en ombelle. Elles fleurissent en été au mois de juillet et au mois d'août.

SON MILIEU NATUREL Cette plante originaire du Proche-Orient se trouve à l'état naturel en Europe méridionale. Elle aime le soleil et les sols calcaires.

PLANTEZ En semant chaque année les graines que vous aurez conservées de l'année précédente. Elles sont brun clair et de la grosseur d'un grain de poivre.

CULTIVEZ Donnez lui du soleil, épargnez-lui, autant que faire se peut, les courants d'air glacial et vous obtiendrez un ensemble agréable et utile.

RÉCOLTEZ On utilise les fruits du Coriandre que l'on récolte une fois bien mûrs au mois d'août. Il faut couper les ombelles au petit matin lorsque le temps est encore un peu humide afin que la récolte soit belle. Ensuite on sèche le tout sur un linge au soleil. Puis une fois la première humidité évaporée, on rentre sa provision dans un endroit bien aéré.

SOIGNEZ En infusion le Coriandre fait merveille comme tonique en cas d'asthénie. Ou comme digestif pour faire « passer » sans dommage un repas trop copieux ou trop arrosé.

VOTRE PALAIS En condiment notamment pour assaisonner les champignons « à la grecque ». En Afrique du Nord on utilise le Coriandre pour conserver le vin.

Cuminium Cyminum

Cumin

SON HISTOIRE Les Romains utilisaient très largement le Cumin pour leur cuisine. Cette plante médicinale dont l'usage est avant tout aromatique est très en faveur en Allemagne, en Hollande et en Angleterre où elle entre dans la confection de nombreux plats.

La tige de Cumin mesure environ 40 centimètres de longueur. Elle porte des feuilles découpées en lanières, étroites et semblables à celles du fenouil. Ses fleurs sont blanches ou pourpres, groupées en ombelles qui fleurissent de juin à août. L'ensemble de la plante dégage une forte odeur. SES ATOURS

Les pays d'origine du Cumin sont l'Afrique du nord et l'Asie du sud-est. On le trouve en France principalement dans la région méditerranéenne. SON MILIEU NATUREL

Semez en mai ou juin les graines que vous aurez récoltées l'année précédente. PLANTEZ

Le Cumin aime les sols argileux secs et exposés au soleil. Il lui faut de la chaleur et on ne saurait l'abandonner à son sort sous peine de le voir péricliter. Pas de courants d'air, de la lumière et un peu d'eau et vous êtes quasiment sûr du résultat. CULTIVEZ

On se sert du fruit et des graines du Cumin que l'on récolte un peu avant sa maturité. On sèche également ses tiges au soleil durant deux ou trois jours et on récolte les graines. RÉCOLTEZ

En tisane le Cumin facilite la digestion et chez les femmes il favorise la lactation. C'est en outre un aphrodisiaque bien connu que les arabes utilisent fréquemment. SOIGNEZ

Le Cumin sert d'épice. Il parfume notamment le fromage et le pain. VOTRE PALAIS

Le Cumin augmente la production de globules blancs. Lorsqu'on l'utilise trop fréquemment il risque d'irriter les muqueuses intestinales. ATTENTION

Fœniculum officilanis

Fenouil

Hippocrate prescrivait le Fenouil aux femmes qui allaitent ainsi qu'à ceux dont la vue laissent à désirer. Le Fenouil est aussi considéré SON HISTOIRE

parfois comme une plante surnaturelle et les livres anciens qui traitent de magie prétendent qu'il chasse les esprits du mal. Quelques branchettes de Fenouil accrochées à la porte d'une maison barrent la route aux revenants.

SES ATOURS

Les tiges robustes et rameuses du Fenouil peuvent atteindre deux mètres de hauteur. Elles sont d'un vert sombre et portent des feuilles filiformes et de petites fleurs jaunes groupées en ombelles. Le Fenouil fleurit de juin à septembre. Son odeur d'Anis est agréable et évoque la chaleur, le farniente et la douceur du midi.

SON MILIEU NATUREL

C'est une plante méditerranéenne, c'est dire que ses préférences vont à des sols légers, et calcaires. Mais aussi que les cailloux ne lui font pas peur. Cela veut aussi dire que le soleil lui est indispensable.

PLANTEZ

Lorsqu'il est cultivé, le Fenouil est une plante bisannuelle. A l'état sauvage c'est une plante vivace. Semez le Fenouil au mois de mars avril sous plastique en prenant bien garde aux gelées printanières, et vous le repiquerez en juillet. Ou en automne à condition de le protéger du froid.

CULTIVEZ

Arrosez vos pieds de Fenouil ils n'en seront que plus beau. Et méfiez-vous des prélèvements trop importants que vous ferez sur ses branches lorsqu'un poisson cuira dans votre four. Ne demandez pas trop à votre pied de Fenouil ou plantez-en beaucoup. À l'état naturel sa racine charnue, profondément implantée lui permet de résister à tout. Un conseil gardez toujours en place une racine de Fenouil, vous aurez encore une énorme plante à la fois majestueuse et royal.

RÉCOLTEZ

On utilise les feuilles et les fruits du Fenouil ainsi que ses racines. Les feuilles doivent être coupées au mois de juin de préférence avec leurs tiges. On les fait généralement sécher ensemble. Les fruits peuvent être récoltés avant maturité en septembre ou octobre et même dès août si vous habitez dans le midi. Les racines se récoltent en septembre et octobre dès la première année.

SOIGNEZ

En tisane contre la goutte les calculs rénaux, les affections de la prostate. Et aussi pour combattre l'aerophagie. Le Fenouil est aussi un excellent vermifuge et un calmant à la toux et de l'asthme.

Des tiges et des fleurs de fenouil écrasées mêlées à la patée de votre chien, activeront sa digestion. (À condition que le goût lui convienne). VOS ANIMAUX

VOTRE PALAIS

Pour accommoder le poisson et comme légume. (Il rappelle le goût du céleri).

C'est également un galactogène et un «mange graisse» à utiliser dans les mélanges amaigrissant.

ATTENTION

A forte dose le Fenouil favorise les convulsions.

Fumaria officinalis

Fumeterre

SON HISTOIRE

Appelé aussi « Herbe à la jaunisse » ou « Pisse sang » la Fumeterre tire son nom d'une croyance ancienne selon laquelle cette plante naissait des vapeurs de la terre. Le feuillage grisâtre vaporeux et léger de la Fumeterre fait en effet penser à un léger brouillard qui s'exhale du sol.

SES ATOURS

Ses tiges dressées d'une cinquantaine de centimètres de hauteur, au feuillage très léger forment de gros massifs. Elles portent des fleurs rouges ou roses en grappes qui fleurissent d'avril à octobre.

SON MILIEU NATUREL

On trouve la Fumeterre partout en France ainsi que dans toute l'Europe, mais également en Asie et en Afrique. Elle affectionne les terrains incultes et les anfractuosités de murs de pierres.

PLANTEZ

Peu importe le sol où vous ferez votre semis pourvu que vous ménagiez à votre Fumeterre un décor de pierres ou de vieux troncs d'arbre. Le coup d'œil sera plaisant.

CULTIVEZ De l'eau, encore de l'eau, toujours de l'eau. Plutôt peu et souvent qu'en quantité et de temps à autre. De toute façon la Fumeterre, comme le phoenix renaît toujours de ses cendres. Pour faire vos prochains semis gardez des tiges grainées que vous taperez sur le sol lorsqu'elles sont séchées. Attention la graine de Fumeterre est aussi fine que la poussière. Prévoyez de la place car les pieds de Fumeterre auront tendance à croître et embellir jusqu'à étouffer les plantes voisines.

RÉCOLTEZ Au fur à mesure de la floraison, récoltez les fleurs. Et toute l'année les feuilles dont vous pouvez indifféremment vous servir en vert ou après les avoir fait sécher.

SOIGNEZ En tisane contre l'artériosclérose. Contre les dartres et les affections cutanées. C'est un dépuratif, un reconstituant.

ATTENTION Il faut observer une alternance et établir un véritable calendrier de vos cures (voir les Secrets d'une Herboriste). A forte dose et en usage prolongé, la Fumeterre et un hypnotique et elle détruit les globules rouges.

Le vin rouge doit être prohibé lors d'un traitement à base de Fumeterre.

Geranium robertianum

Géranium Robert

SON HISTOIRE «Herbe à Robert», «Bec de grue», «Aiguilles de Notre Dame» ou «Persil maringouin», quel que soit le nom qu'on lui donne le Geranium robertianum n'a rien a voir avec le geranium qui fleurit sur les balcons des grandes villes. Il ne fait pas partie des quelques 400 espèces qui décorent les plate-bandes des jardins publics. Le «Robert» pousse depuis toujours chez nous alors que le Pélargonium (celui des jardins publics) n'est arrivé en Europe qu'en 1690, importé du Cap.

C'est le VRAI Géranium. Toutes les autres espèces sont des Pélargoniums.

SES ATOURS

Ses tiges rougeâtres de trente à cinquante centimètres de longueur portent des feuilles d'un vert foncé et des fleurs rouges d'août à novembre.

SON MILIEU NATUREL

Il vit dans les sous-bois en Europe, en Asie en Afrique du Nord et en Amérique. Chez nous on le trouve un peu partout excepté dans le sud-est où il se fait rare.

PLANTEZ

Vous pouvez multiplier le Géranium Robert à longueur d'année par bouture en prélevant sur un pied mère en bonne forme, une branche que vous mettrez dans un premier temps, à tremper dans un verre d'eau. Une fois que ses racines auront poussé, plantez votre bouture. Suivant l'époque elle prendra plus ou moins vite, mais elle prendra.

CULTIVEZ

Le Géranium Robert vit dans les sous-bois et comme vous pouvez le penser, il a besoin d'eau. Ne soyez pas mesquin, accordez-lui sa subsistance. Et si le temps d'un week-end vous l'abandonnez à lui-même, arrosez-le largement avant de partir, il supportera ainsi plus facilement votre absence.

RÉCOLTEZ

Vous pouvez utiliser ses feuilles et ses fleurs que vous aurez cueillies puis séchées au fur à mesure de leur floraison du mois d'août au mois de novembre.

SOIGNEZ

Le Géranium Robert contient de la vitamine C. En tisane on l'utilise contre l'ophtalmie, l'engorgement des glandes mammaires et les angines. On lui attribue d'énormes pouvoirs dont celui de consolider les fractures et de guérir le cancer ! mais (soyons prudents) on l'utilise en usage externe en bains de bouche contre les gengivites et les amygdalites. C'est également un antidiabétique.

Laurier noble

SON HISTOIRE

Symbole de victoire, de gloire et de paix, le Laurier au parfum gastronomique et aux vertus digestives a été relégué de l'officine à l'office par les progrès de la médecine. Joignant l'utile à l'agréable le Laurier est encore employé en médecine comme en cuisine. Il est censé protéger de la foudre.

SES ATOURS

C'est un véritable petit arbre qui peut atteindre dix mètres de hauteur si l'on est patient car sa croissance est assez longue. Mais vous ne le laisserez pas grandir jusque-là. À moins que vous ne disposiez d'une terrasse particulièrement spacieuse. Son écorce grise mais ses feuilles d'un beau vert en font un élément de décoration à condition qu'il soit accompagné d'autres plantes. Car solitaire il a un aspect un peu triste. Au printemps il fait des petites fleurs blanches aux extrémités rosées groupées en grappes. L'ensemble de la plante dégage une forte odeur.

SON MILIEU NATUREL

Originaire du Moyen-Orient, le Laurier est commun dans le bassin méditerranéen. Mais il a su s'acclimater un peu partout et on peut en admirer de superbes dans la région parisienne.

CULTIVEZ

Vous pouvez planter votre Laurier en le semant mais vous gagnerez du temps en prenant un pied déjà développé que vous achèterez chez un fleuriste.

PLANTEZ

Une terre meuble convient parfaitement au Laurier. Pour le reste, il n'est pas trop exigeant. N'oubliez pas qu'il est originaire du midi. Aussi n'apprécie-t-il pas particulièrement les courants d'air. Il faut cependant un temps spécialement froid pour qu'il gèle à en perdre définitivement la vie.

RÉCOLTEZ

Vous pouvez récolter les feuilles de Laurier pendant toute l'année. On ne les utilise en tisane qu'une fois séchées. Mais pour la cuisine on s'en sert de préférence fraîches.

SOIGNEZ

Les vertus de la feuille de Laurier sont surtout digestives. Mangez en feuille verte avant votre repas et votre digestion est assurée. Bouillies dans de l'eau les feuilles sont un excellent antiseptique à prendre en fumigations contre les sinusites, les angines et pour désinfecter une pièce par de la vapeur qui se dégage du récipient où elles nagent.

LES ANIMAUX

Une légère couche d'huile de Laurier appliquée sur le poil des animaux les protège des mouches.

VOTRE PALAIS

Comme arômate le Laurier est apprécié dans la plupart des plats.

ATTENTION

Ne pas confondre le Laurier médicinal et culinaire avec le Laurier cerise, le Laurier rose ou le Laurier avocatier. Les deux premiers sont très toxiques. Souvenez-vous aussi que le Laurier détruit les hématies. Enfin ne consommez sous aucun prétexte les baies de Laurier.

Lavandoli officinalis

Lavande

SON HISTOIRE

Les belles romaines ont fait sa fortune : elles aimaient à parfumer leurs bains avec des branches de Lavande qu'elles avaient fait préalablement macérer. On utilisait également dans les temps anciens la Lavande pour cicatriser les plaies provenant de coups d'épée ou de coups de lance. De nos jours les chasseurs de Provence utilisent encore la Lavande lorsque leur chien a été mordu par une vipère pour neutraliser — temporairement — l'effet du venin.

SES ATOURS

L'aspect de ce buisson aux teintes pastel et à l'odeur aromatique que l'on voit un peu partout dans le midi de la France, est des plus agréable. Le buisson mesure entre 50 et 60 centimètres de hauteur. Il est couvert par des épis de fleurs bleuâtres qui fleurissent en juillet et en août.

SON MILIEU NATUREL Elle pousse spontanément dans le midi de la France entre 700 et 1 800 mètres. La Lavande est assez résistante. On la cultive aussi bien dans les vallées ou les hauteurs de la Drôme que sur les pentes du Mt Ventoux.

Par bouture en automne ou en la semant sur un sol léger sec et calcaire. En choisissant sa place pensez que le bac où vous allez planter votre Lavande va se garnir rapidement et former une masse volumineuse et débordante. Il lui faut dès le départ, de la place.

N'hésitez pas à cueillir les fleurs en temps voulu et à tailler votre buisson à l'automne. Il n'en souffrira pas : l'année suivante il n'en sera que plus beau. Vous pouvez à cette occasion modeler votre buisson de Lavande suivant vos goûts, en boule ou en carré etc...

De juillet à septembre au moment de la floraison par temps sec et chaud vous récolterez les épis garnis de fleurs. Après les avoir disposés — sans qu'ils se superposent — sur une toile ou des planches dans un lieu sec vous les laisserez sécher. Pour que votre Lavande conserve sa belle couleur, évitez de l'exposer à la grande lumière.

SOIGNEZ En infusion et en décoction contre toutes les affections de l'appareil respiratoire.
Son huile essentielle est efficace contre les bacilles de Koch et les streptocoques de la pneumonie.
En épis ou en poudre la Lavande est un déodorant.

LES ANIMAUX Pour faire fuir les parasites et soigner la gale des chiens et des chats.

ATTENTION Une dose trop forte entraîne une excitation nerveuse suivie de dépression cardiaque. La Lavande favorise la somnolence et les engourdissements.

Hedera helix

Lierre grimpant

SON HISTOIRE

Symbole de l'immortalité et l'un des attributs de Bacchus, le Lierre était connu des anciens pour son action médicale mais ceux-ci se méfiaient de sa toxicité, principalement de ses baies. Les Egyptiens avaient consacré le lierre à Osiris. Chez les Grecs, il symbolisait la victoire du guerrier et était employé pour prévenir l'ivresse.

SES ATOURS

Ses feuilles persistantes et ses tiges grimpantes font du Lierre la base de tout décor floral. Il s'acclimate très facilement. Les feuilles de Lierre sont d'un vert sombre aux nervures affluentes, le lierre fleurit en septembre et en octobre et ses petites fleurs blanches viennent apporter un peu de gaité à cette plante à l'aspect austère.

SON MILIEU NATUREL

Il aime les murs et les arbres et tous les endroits où il peut grimper. On le rencontre partout en France. Il vit vieux et certains pieds de Lierre ont, si l'on en croit la tradition, plusieurs centaines d'années.

PLANTEZ

Vous pouvez le semer ou prélever une branche qui commence à s'enraciner (marcotage) vers le mois de novembre et avant le mois d'avril. Il faut de toute façon prévoir une place à partir de laquelle votre Lierre va pouvoir s'épanouir en hauteur en grimpant.

Très résistant le Lierre préfère l'ombre et l'humidité au plein soleil. Il ne craint pas la gelée. Mais il peut souffrir gravement d'une sécheresse persistante.

SOIGNEZ

En cataplasme comme calmant contre les rhumatismes et les névralgies. C'est aussi un véritable remède miracle contre la cellulite.
En shampoing pour fortifier le cuir chevelu.
Placé, après l'avoir haché, contre les tempes il calme la migraine.

ATTENTION

Les feuilles, les baies sont parfois utilisées mais je vous déconseille de le faire car elles sont très toxiques.

Le Lierre détruit les globules rouges. Il est prudent de ne l'employer qu'en usage externe.

Lotier corniculé

SON HISTOIRE Les animaux notamment les ovins en sont friands et broutent avec gourmandise le Lotier que l'on sème à leur intention dans les prairies artificielles. Des sectes l'utilisaient jadis dans les séances d'initiation — certaines l'utilisent encore de nos jours — car on lui attribue le pouvoir de développer les vertus « psy ».

SES ATOURS Cette plante haute d'une trentaine de centimètre, de couleur vert clair dont les feuilles ressemblent au trèfle, porte des fleurs d'un jaune or. On les récolte vers le mois de juin.

SON MILIEU NATUREL Les prés de toutes les régions de France sont constellés d'or au printemps grâce au Lotier. Lorsque les animaux ne le consomment pas vert, le Lotier séché, pressé et engrangé fournit pour l'hiver un fourrage très apprécié.

PLANTEZ Semez-le au mois de février. Pendant deux à trois ans il se reproduit normalement tout seul.

CULTIVEZ Comme toutes les plantes fourragères il faut au Lotier un sol très meublé si vous voulez avoir des résultats encourageants. Comme toutes les plantes qui poussent dans les champs, il faut l'arroser suffisamment et faire en sorte qu'il ait son comptant de soleil et de lumière.

RÉCOLTEZ Les fleurs de juin à juillet et faites les sécher. Ne vous laissez pas rebuter par la couleur verte qu'elles adopteront. Vous pouvez utiliser toute la plante pour préparer vos tisanes.

SOIGNEZ En tisane en cas de dépression. Mais attention son action sur les voies urinaires est spectaculaire : il triple et même quadruple les sécrétions en 24 heures. Mais en retour le Lotier dissout la boue biliaire et amoindrit le risque de formation de calculs. On l'utilise donc avec succès contre les coliques néphrétiques.

ATTENTION L'acide cyanhydrique contenu dans le Lotier peut être dangereux aussi ne faut-il pas utiliser les fleurs seules, et surtout respecter les doses.

Majorana hortensis ou origanum majorana

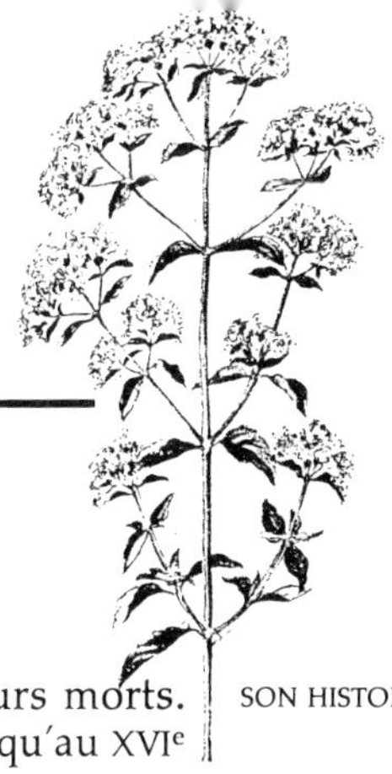

Marjolaine

SON HISTOIRE

Les Grecs plantaient de la Marjolaine sur la tombe de leurs morts. Ils pensaient ainsi leur donner la paix de l'esprit. Ce n'est qu'au XVIe siècle que la Marjolaine a été utilisée en France.

SES ATOURS

Ses tiges garnies de petites feuilles de forme ovale et de fleurs roses très pâles minuscules et groupées en grappes forment des touffes de 40 centimètres de hauteur.
La plante est en pleine floraison d'août à septembre. Son odeur est très pénétrante.

SON MILIEU NATUREL

Elle ne pousse pas naturellement en France mais on la trouve en Afrique du nord et au Moyen Orient et même en Espagne à l'état sauvage. Sous nos cieux on a quelque peine à l'entretenir sauf si l'on habite dans le midi notamment en Provence.

PLANTEZ

On sème la Marjolaine au mois de mars dans des terres sèches et légères et de préférence dans des endroits très ensoleillés.

CULTIVEZ

Pas trop d'eau, pas trop de fraîcheur, beaucoup de soleil : la Marjolaine vous donnera l'illusion que vous êtes toute l'année en vacances.

RÉCOLTEZ

Les fleurs et les sommités fleuries d'août à septembre. On en fait des bouquets que l'on suspend sur des fils pour les faire sécher. Et l'on prélève en petite quantité selon les besoins.

SOIGNEZ

En infusion contre l'hypertension artérielle. Elle aide à trouver le sommeil.
En poudre pour empêcher les éternuements.

VOTRE PALAIS

C'est un excellent condiment qui relève les ragoûts et les viandes.

Mélisse

SON HISTOIRE — Les médecins arabes utilisent depuis toujours la Mélisse. C'est au début du XVIIe siècle que cette plante à la forte odeur fut connue dans le monde entier à la suite de la fabrication par les religieuses carmélites de la fameuse Eau de mélisse des Carmes.

SES ATOURS — La Mélisse se développe en grosses touffes. Ses fleurs blanches parfois tachées de rose qui poussent sur les tiges d'une cinquantaine de centimètres de hauteur, fleurissent de juin à septembre. Ses feuilles d'un beau vert dégagent une senteur qui rappelle celle du citron.

SON MILIEU NATUREL — On la trouve dans les jardins un peu partout en Europe, mais elle se rencontre à l'état naturel en Corse et sur tout le pourtour méditerranéen. Elle adore les lieux humides et ombragés. On la cultive en Anjou et en Provence.

PLANTEZ — Soit par semis en février, soit par éclatement d'une souche mère au printemps. C'est une plante vivace qui restera en place durant quatre ou cinq années.

CULTIVEZ — Elle est très facile à entretenir à condition que la terre soit fraîche et humide autour d'elle. Bien soignées vos touffes de Mélisse prendront des proportions importantes. Il faut les tailler à ras avant l'hiver.

RÉCOLTEZ — Feuilles et fleurs durant tout l'été et jusqu'au mois d'octobre. Vous pouvez consommer la Mélisse fraîche, faire sécher ses feuilles pour l'hiver.

SOIGNEZ — En infusion contre l'aérophagie et les spasmes nerveux. Et contre la dépression et les angoisses.
En alcostat contre les migraines et les insomnies.
En cataplasme contre les piqûres d'insectes.

VOTRE BEAUTÉ — En potion pour retarder l'apparition des rides.

VOTRE PALAIS

Elle entre dans la fabrication de certaines liqueurs comme la Chartreuse et la Bénédictine. Et bien entendu de l'Eau de Mélisse des Carmes.

Mentha pijerata.

Menthe poivrée

SON HISTOIRE

On utilise cinq espèces de Menthe, différentes pour leurs propriétés aromatiques et médicinales. Aristote jugeait la Menthe anaphrodisiaque et Proserpine, épouse jalouse, aurait transformé en touffe de Menthe une jeune beauté qui avait conquis le cœur de Pluton.

SES ATOURS

La Menthe Poivrée ou Médiévale peut atteindre un mètre de hauteur au maximum. Ses fleurs sont roses blanches ou lilas groupées le long de la tige. Elle fleurit de juillet à octobre et sécrète un parfum bien reconnaissable.

SON MILIEU NATUREL

Elle vit à l'état naturel dans les prés et les bois. Mais quel jardin n'a pas ses trois ou quatre touffes de Menthe prêtes pour l'infusion ! C'est dans la région parisienne, à Milly la Forêt près de Fontainebleau, mais aussi en Anjou et dans le midi de la France qu'on cultive la Menthe.

PLANTEZ

On sème la Menthe au mois de février ou de mars. Il est prudent de faire un important semis et de repiquer les plants suivant les besoins. Il faut voir grand car la Menthe est une plante que l'on utilise très largement lorsque l'on en a à portée de la main. C'est une plante envahissante qui se multiplie facilement par repiquage de morceaux de racine.

CULTIVEZ

La Menthe n'est pas exigeante. Elle ne craint pratiquement rien, pas même le gel. En hiver pour se préserver des intempéries elle fait retraite sous terre.

RÉCOLTEZ On peut récolter la Menthe deux fois par an : en juin, avant l'épanouissement des fleurs et en septembre. On la fait sécher mais il faut éviter de manipuler ses feuilles car elles deviennent friables et s'envolent en poussière. Il est plus agréable de consommer la Menthe fraîche mais il en faut le double que de la menthe séchée.

SOIGNEZ En tisane pour faciliter la digestion. Dans de l'eau bouillie pour faire des inhalations en cas de rhume.
Antidiarrhéique, carminative etc...
En cataplasme pour soulager les migraines.

VOTRE BEAUTÉ En application sur le visage en cas de couperose avec de l'Hamamélis.

VOTRE PALAIS Avec du thé.

LES ANIMAUX En sachets dans les niches des chiens ou sur la couche des chats pour faire fuir puces et tiques.

ATTENTION Ne pas utiliser la Menthe pendant la durée d'un traitement homéopathique.

Citrus vulgaris

Oranger

SON HISTOIRE Originaire de l'Inde et de la Chine, l'Oranger a été introduit en France à l'époque des croisades. La couronne de boutons et de fleurs d'oranger est un symbole de mariage et de virginité. Louis XIV possédait une magnifique collection d'arbres dans son orangeraie de Versailles.

SES ATOURS Cet arbre élégant peut atteindre jusqu'à 10 mètres de hauteur... mais il faut un certain temps pour arriver à ce résultat. Ses feuilles sont brillantes et ses fleurs blanches qui fleurissent au printemps au début de l'été sont parfumées et constituent un spectacle qui enchante les yeux et flatte l'odorat.

En plein air il ne supporte guère que le climat méditerranéen. Encore convient-il de veiller à ce qu'il ne prenne pas froid pendant l'hiver. Il faut être prêt à lui faire réintégrer serre ou appartement si le temps se gâte. SON MILIEU NATUREL

Les boutures et les greffes ont quelques chances de vous donner satisfaction. Encore faut-il avoir une pratique sûre de l'une comme de l'autre. Si vous désirez avoir un Oranger sur votre balcon mieux vaut aller l'acheter. C'est un bon investissement. D'autant que si vous l'entourez de votre affection il vous restera fidèle durant des décennies. PLANTEZ

La terre qui va nourrir votre oranger doit être riche mais légère. Donnez-lui de temps en temps une nourriture sous forme de terreau et d'engrais. Attention aux pucerons, ils peuvent compromettre votre récolte et même la vie de votre arbre. CULTIVEZ

On utilise les fleurs, les feuilles... et les fruits ; tout jusqu'à l'écorce de ceux-ci. Les fleurs doivent être cueilles tôt le matin et séchées dans un endroit obscur. Les feuilles sont récoltées l'automne lorsque vous taillez votre arbre. Quant aux fruits il faut les manger quand ils sont colorés et avant qu'ils ne soient trop mûrs. RÉCOLTEZ

En infusion contre l'insomnie et pour faciliter la digestion. SOIGNEZ
En teinture comme tonique.
En cataplasme en cas de contusions.

En compresse pour resserrer les pores dilatés et favoriser le velouté de l'épiderne. VOTRE BEAUTÉ

En apéritif (voir les Secrets d'une Herboriste). VOTRE PALAIS

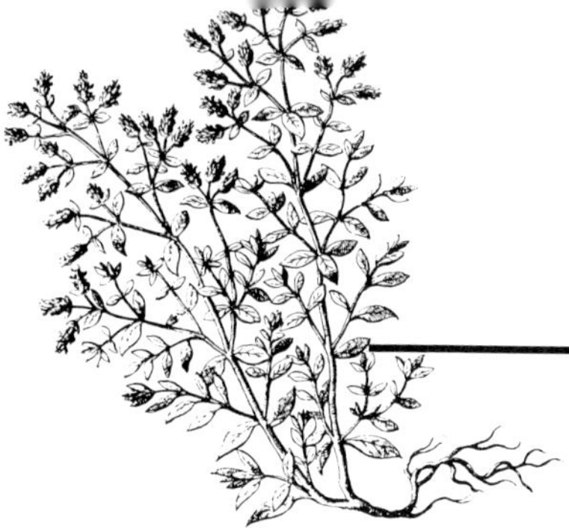

Origan

SON HISTOIRE Si vous appréciez le parfum de la pizza, vous connaissez l'Origan. C'est la plante qui lui donne ce goût caractéristique. Il lui confère sa personnalité et la rend aussi plus digeste.

Lorsqu'elle a mangé de la chair du serpent, la tortue mange de l'Origan.

SES ATOURS Sa tige rougeâtre dressée, ses fleurs roses groupées au sommet des rameaux lui donnent belle allure. Sa taille est bien équilibrée par rapport à son feuillage (60 centimètres environ.) L'Origan est une très belle plante qui vous donnera l'illusion de vivre à la campagne. Il fleurit de juillet à octobre.

SON MILIEU NATUREL Rien ne rebute l'Origan. Ni l'aridité du sol, ni l'altitude (on le rencontre jusqu'à 1000 mètres). Il est très apprécié des abeilles.

PLANTEZ Semez vos graines au printemps et en repiquez les pieds. Ou transplantez le. Ou prélevez des touffes à la base d'un pied mère. Au choix il vaut mieux le planter dans une terre bien sèche.

CULTIVEZ Du soleil avant toute chose. Une bonne exposition sur votre balcon avec de l'air et de la lumière et la possibilité de profiter du moindre rayon de soleil et vous serez étonnés des résultats.
Il faut le préserver d'une trop grande humidité.

RÉCOLTEZ On récolte la plante entière mais on utilise seulement les fleurs et les sommités fleuries. La récolte se fait en juillet et en août.

SOIGNEZ En infusion pour faciliter la digestion et atténuer les douleurs menstruelles des femmes.
En décoction pour venir à bout de l'asthme.

En vin comme digestif.

En cataplasme contre les furoncles et les abcès.

VOTRE PALAIS

Comme condiment dans les sauces et avec des légumes.

À forte dose l'Origan est un stupéfiant et anaphrodisiaque.

Pâquerette

« Fleur de Pâques », « Magriette », « Fleur de pâturages », la Pâquerette tire son nom de l'époque à laquelle les prés sont constellés de ses fleurs.

SES ATOURS

Cette petite plante qui s'étale sur le sol de nos prairies pousse dans toute l'Europe et en Afrique du nord. Ses feuilles forment à la base une rosette et ses fleurs groupées sont jaunes au centre, blanches et rosées sur le pourtour. La Pâquerette fleurit toute l'année mais surtout au mois de mai et de juin.

SON MILIEU NATUREL

Les prés, les pâturages, les sous-bois sont égayés par ses pétales blanches. On la trouve également sur les talus et les pelouses.
Elle vit en colonie.

PLANTEZ

Que ce soit en semis direct ou par repiquage ou par transplantation de la motte, l'implantation des Pâquerettes est toujours très facile.

CULTIVEZ

En février dès que l'on est assuré que les derniers grands froids se sont éloignés.

Elle aime les terrains humides et ne craint pas les terrains durs et argileux. Bien soignée, votre plantation durera pendant la plus grande partie de l'année en égayant les mois où les fleurs se font plus rares.

RÉCOLTEZ

Les feuilles et les fleurs au moment de la floraison en prenant garde de ne pas trop et trop vite dépouiller votre jardin de sa parure.

SOIGNEZ

Les anciens confectionnaient des infusions de Pâquerette pour combattre la constipation. Elle sert aussi contre l'engorgement du foie.
En cataplasme pour les affections cutanées. (dermatoses).
En gargarisme en cas d'inflammation de la bouche ou du Pharinx.

VOTRE PALAIS

En salade comme on le faisait jadis.

Pariétaire

SON HISTOIRE «Casse pierre» — parce qu'elle dissout les calculs — «Herbe au verre» — parce qu'elle est étonnante pour nettoyer les vitres — ; on la dégustait aussi dans les campagnes comme les épinards. La Pariétaire est l'herbe aux cent usages.

SES ATOURS Les tiges de Pariétaire sont rougeâtres et mesurent environ cinquante centimètres de long. Elles portent des fleurs verdâtres disposées par petits paquets de cinq. La fleur femelle trône au centre du bouquet. La Pariétaire fleurit de juin à octobre.

SON MILIEU NATUREL On rencontre la Pariétaire un peu partout en France mais elle se plait tout particulièrement sur les rivages de la méditerranée. Elle affectionne les éboulis et les murs.

PLANTEZ C'est une plante vivace aussi vous pouvez choisir à votre gré de la semence «en mai». (Attention la semence est extrêmement fine) ou de repiquer des pieds déjà adultes.

CULTIVEZ En hiver la Pariétaire ne vous demandera rien : frileuse elle se retire sous terre jusqu'aux beaux jours. Malgré ce savoir vivre et l'habitude qu'elle a de se faire oublier, ménagez lui un coin bien chaud garni de pierres où elle puisse profiter du moindre rayon de soleil. Elle ne sera que plus belle pendant l'été.

RÉCOLTEZ On utilise toute la plante sauf ses racines. On récolte de juin à octobre tiges et fleurs que l'on fait sécher à l'ombre et le plus rapidement possible car la Pariétaire a tendance à moisir et à perdre une grande partie de ses propriétés.

SOIGNEZ En infusion (son goût est fade) en cas de cystite, pour les maladies de la prostate et les coliques néphrétiques. Et en général pour toutes les affections du système urinaire.
En compresse pour venir à bout des hémorroïdes.

LES ANIMAUX Pour les affections urinaires de vos compagnons à quatre pattes lorsqu'ils prennent de l'âge. Ne pas prolonger le traitement plus de dix jours de suite.

Passiflora incarnata

Passiflore

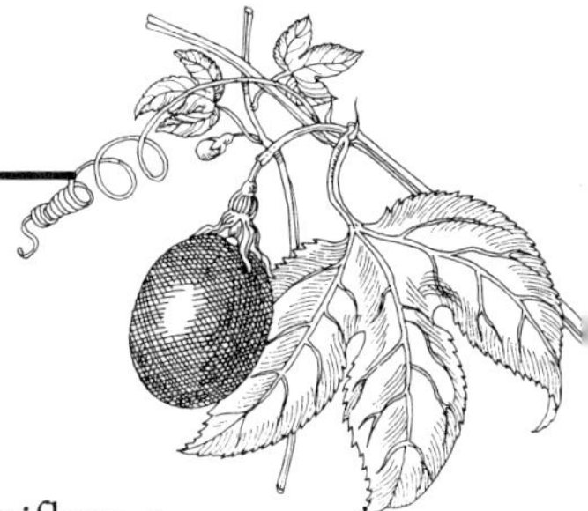

SON HISTOIRE

Cultivée dans les jardins des souverains Aztèques, la Passiflore a été importée en France au XVIe siècle. La légende veut que durant la passion une goutte du sang du Christ tombée sur une petite fleur la transforma : la croix se dessina sur ses pétales et elle se colora de sang. On devine au centre de sa corolle des dessins qui rappellent les instruments de la passion.

SES ATOURS

Ses tiges grimpantes peuvent atteindre plusieurs mètres. Ses feuilles sont d'un vert très vif et ses fleurs apparaissent dès le début du printemps.

SON MILIEU NATUREL

La région méditerranéenne est le pays d'élection de la Passiflore. Mais elle se plait aussi dans les régions où le climat est tempéré. En Bretagne par exemple.

PLANTEZ

Au printemps en la semant. Ne sous-estimez pas ses visées expansionnistes et prévoyez un espace suffisamment haut et large pour lui permettre de se développer. Faute de quoi elle perdra une grande part de ce qui fait son attrait.

CULTIVEZ

Maintenez le sol où vous l'avez plantée dans sa légèreté originelle. Faites en sorte qu'il soit humide sans exagération.

RÉCOLTEZ

En juin et juillet à l'époque de la floraison et faites sécher ses fleurs dans un endroit bien sec.

SOIGNEZ

En infusion c'est un anti-stress idéal. La Passiflore calme l'angoisse, gomme les soucis et dispense un sommeil réparateur. Sans aucun effet dépressif au réveil.

ATTENTION

À dose importante la Passiflore peut provoquer de fortes migraines ainsi que des troubles de la vue.

Elle se prépare et se mange comme les épinards. Cette plante est réputée pour nettoyer parfaitement les verres et les carafes.

Petroselium Hortense

Persil

SON HISTOIRE On utilisait le Persil dans l'antiquité pour ses qualités médicales (il contient de la vitamine C) et à des fins culinaires. On s'en servait aussi pour tresser des couronnes aux sportifs qui sortaient victorieux des compétitions. Les Romains donnaient du Persil à manger aux gladiateurs pour qu'ils aient plus de forces et de réflexes.

SES ATOURS Ses fines touffes de feuilles dentelées en font une toile de fond très décorative pour garnir les bacs à fleurs. Ses tiges raides qui portent des fleurs jaunes verdâtres groupées en ombrelles sont moins agréables à regarder. Elles éclosent de juin à août la deuxième année de leur plantation.

SON MILIEU NATUREL On le trouve parfois à l'état sauvage mais surtout dans les potagers. Il aime la terre légère et bien travaillée.

PLANTEZ C'est une plante bisannuelle que vous sémerez dès la fin de l'hiver. Prenez votre mal en patience car sa levée est longue. Ne craignez pas de faire un gros semis vous n'en aurez jamais suffisamment pour satisfaire votre appétit. Pour obtenir rapidement du Persil consommable il faut le semer en pot en fin d'hiver et le repiquer au printemps dans une terre bien mouillée.

CULTIVEZ Le Persil craint le froid et les gelées. Il est indispensable de veiller au grain et de prévoir une protection pour les plus mauvais jours de l'hiver.

RÉCOLTEZ Les feuilles, les racines et les graines dès la deuxième année. La racine de Persil fait partie des racines apéritives : ache, asperge, fenouil.

Le Persil est riche en vitamine C. On le prend en tisane contre l'aérophagie et chez les femmes comme régulateur des règles. SOIGNEZ
En cataplasme il peut remplacer les pansements de première urgence.
Le suc de Persil calme les douleurs d'oreille. Imbibez-en un coton que vous introduisez délicatement dans l'oreille douloureuse et le soulagement suivra de peu.

On l'emploie contre la chute des cheveux. VOTRE BEAUTÉ
En compresse mêlé à du jus de citron, il atténue les tâches de rousseur.

On dit qu'en posant de petits bouquets de Persil sur l'estomac on évite le mal de la route. VOTRE CONFORT

En période de chaleur chez les chiens et les chats il évite les grossesses nerveuses si l'on éparpille dans la pâtée de petits bouquets hachés menu. Renouveler le traitement pendant une dizaine de jours. LES ANIMAUX

Seul ou en bouquet garni dans les sauces et les marinades et haché menu dans les salades. Mais n'espérez pas faire d'une pierre deux coup en vous soignant et en vous régalant par la même occasion d'une sauce : la cuisson lui enlève toutes ses vertus médicinales. VOTRE PALAIS

Vinca minor

Pervenche

SON HISTOIRE

Les sorciers d'antan — et ceux d'aujourd'hui lorsqu'ils existent — incorporaient la Pervenche dans leurs philtres. D'où son nom : « violette des sorciers » ou « petit sorcier. »

SES ATOURS

C'est une plante rampante d'où partent des tiges qui se dressent à une vingtaine de centimètres de hauteur. Ses fleurs sont d'un bleu à qui la plante a donné son nom. Les Pervenches montrent le bout de leurs pétales de février jusqu'en septembre, mais elles restent vertes toute l'année.

SON MILIEU NATUREL

Les sous-bois sont le lieu de prédilection de la Pervenche. La seule partie de la France d'où elle est pratiquement absente est la région méditerranéenne.

PLANTEZ

En la semant au printemps suffisamment tard pour que les gelées matinales ne la brûlent pas. Vous vous préparerez ainsi un bel été et un bel automne.

CULTIVEZ

Respectez les goûts de la Pervenche et donnez lui l'illusion qu'elle est chez vous dans ses chers sous-bois. Un verre d'eau chaque jour et de l'ombre suffiront à cela.

RÉCOLTEZ

Seules les fleurs et les feuilles sont utilisables. On les sèche au fur à mesure sans trop défeuiller la plante.

SOIGNEZ

En infusion contre la diarrhée, les hémorragies, le diabète la Pervenche fait merveille.

En gargarisme contre les angines et les amygdalites.

La Pervenche contient deux alcaloïdes utilisés dans les cas de leucose notamment pour soigner la maladie de Hodgkin.

Les deux principales indications : 1) Actuellement fait tarir le lait des mammifères au moment du seuvrage. 2) Réoxygène le cerveau donnant de l'élasticité au système circulatoire cervical.

VOTRE PALAIS

Le vin de Pervenche est un excellent apéritif et un non moins bon digestif.

Primula officinalis

Primevère

SON HISTOIRE

Les médecins de l'antiquité ne connaissaient pas la primevère dont le nom vient de l'ancien français « primevoire » : printemps. Au XIIe siècle on la baptisa « Herbe à la paralysie ». Louis XV disait qu'elle guérissait surtout la paralysie de la langue et le bégaiement.

SES ATOURS

Elle annonce le printemps : lorsque ses tiges odorantes jaunes fleurissent au mois de mars, le printemps n'est pas bien loin. Elle fait durer la fête jusqu'au mois de juin.

SON MILIEU NATUREL

Les prairies, les bois et les talus se couvrent de ses fleurs, partout en France et en Europe sauf dans la région méditerranéenne où elle est plus rare. La primevère pousse même en altitude.

PLANTEZ

En semis direct au mois de mars ou en repiquant les sujets les plus beaux de ce semis, un peu moins d'un mois plus tard.

CULTIVEZ

La Primevère aime l'ombre et les terrains légèrement humides. Il ne lui faut pas beaucoup de place pour s'épanouir et former un magnifique tapis aux chaudes couleurs.

RÉCOLTEZ

Toute la plante feuilles, fleurs et racines que vous ferez sécher soigneusement à l'abri,. Les feuilles toute l'année et les racines en fin de saison.

SOIGNEZ

En infusion contre les rhumatismes.
En décoction contre la migraine.
En compresse contre les ecchymoses et les enflures.
En cataplasme contre les douleurs.

VOTRE BEAUTÉ

En lotion pour faire disparaître les taches du visage.

VOTRE PALAIS

En Allemagne et en Hollande les racines de Primevère servent à aromatiser la bière. On en fait aussi des salades.

ATTENTION

La Primevère peut déclencher chez certaines personnes une allergie qui se traduit par une éruption cutanée et des rougeurs qu'on nomme « dermatite primulaire ».

Spirea ulmaria

Reine des prés

SON HISTOIRE — La « barbe à chèvre » ou « herbe du pauvre homme », communément appelée « Reine des prés » est à l'origine d'une des plus grandes découvertes médicales et médicamenteuse de tous les temps : l'aspirine. C'est en 1853 que le chimiste strasbourgeois Charles Frédéric Gerhardt a découvert l'acide acétylsalicylique un dérivé de l'aldéhyde salicylique que la Reine des Prés contient en quantité.

SES ATOURS — C'est une grande et élégante plante vivace à tige rougeâtre de un mètre à un mètre cinquante de hauteur parée de grandes feuilles dentelées et de nombreuses petites fleurs blanches groupées en grappes à partir du mois de juin et jusqu'au mois d'août.

SON MILIEU NATUREL — Elle adore les terrains humides marécageux et ombragés.

PLANTEZ — Une fois pour toute en la semant au printemps. Elle ne fera que croître et embellir. De préférence transplantez les jeunes pousses prises au pied des racines.

CULTIVEZ — Prenez la Reine des prés par son point faible : l'humidité et plantez la dans un sol léger mais pas trop afin qu'il retienne suffisamment d'eau. La Reine des prés résiste aux grands froids.

RÉCOLTEZ — Au mois d'août, en premier la grande hampe fleurie et ensuite la plante toute entière. Mais faites vite pour la faire sécher car elle a tendance à moisir une fois coupée.

SOIGNEZ — En tisane elle élimine les impuretés diurétiques qui s'accumulent dans l'organisme.
Elle fait éliminer la lithiase et calculs des reins.
Elle remplace l'aspirine comme calmant d'autant mieux qu'elle est sans effets secondaires sur l'estomac.

VOTRE BEAUTÉ — En compresse et en cataplasme la Reine des prés combat très efficacement la cellulite.

VOTRE PALAIS — Elle est très appréciée en remplacement du thé.

Romarinus officinalis

Romarin

SON HISTOIRE

La célèbre « eau de la Reine de Hongrie » qui assurait, dit-on, une éternelle jeunesse à celui ou celle qui en buvait, était à base de Romarin. Sa recette aurait été révélée à la souveraine par un ange.

SES ATOURS

C'est un arbrisseau à feuilles persistantes d'un à deux mètres de hauteur dont les fleurs bleus pâles, parfois blanches, piquées de violet s'épanouissent de mai à juillet. Le Romarin exhale un parfum très agréable.

SON MILIEU NATUREL

Son lieu de prédilection est la région méditerranéenne. Il préfère nettement les climats chauds et les cieux clairs aux brumes du nord et à la bruine de l'ouest.

PLANTEZ

On peut bien sûr semer le Romarin. Mais dans les climats qui ne lui sont pas favorables il est prudent de l'acheter en pied déjà grand. Ou encore de prélever une branche d'un pied et le mettre en terre « pour Sainte Catherine » c'est à dire en novembre.

CULTIVEZ

Le sol calcaire et aride convient parfaitement au Romarin qui ne demande pas beaucoup de soins. Ne l'arrosez surtout pas trop. En cas de gelées fortes et persistantes recouvrez le d'un film de plastique.

RÉCOLTEZ

La feuille du Romarin peut se récolter pendant toute l'année mais plus spécialement au mois de juin. Il faut la ramasser par temps chaud-et sec. Et surtout la faire sécher très rapidement.

SOIGNEZ

En tisane contre la toux — principalement les coqueluches — et l'asthme.
En décoction pour faire tomber la fièvre.
En teinture en cas de digestion difficile.
En vin sinon pour retrouver l'enthousiasme et la vigueur de votre folle jeunesse, tout au moins pour vous regaillardir.
En cataplasme contre les coups.
En gargarisme pour soulager les amygdalites.

VOS ANIMAUX En feuilles pulvérisées dans la pâtée des chiens pendant huit jours par mois pour « remonter » les sujets fatigués ou déprimés.

ATTENTION À forte dose le Romarin peut provoquer des spasmes et donner des vertiges.

Rubus fructicosus

Ronce

SON HISTOIRE Connue dans la préhistoire pour avoir nourrie nos ancêtres avec son fruit : la mûre, la Ronce est employée pour soigner les maux de gorge. Pline vantait ses mérites comme hémostatique.

SES ATOURS Ses longues tiges épineuses qui portent des grappes de leurs roses sur lesquelles on pourra cueillir les délicieuses mûres, sont plus décoratives que vous pourriez le penser. Ne vous laissez surtout pas influencer par ses épines qui ont pu parfois malencontreusement déchirer vos vêtements ou griffer vos mains ou vos jambes. (Du reste étant hémostatique elle empêche les petites blessures qu'elle a causé de saigner.)

SON MILIEU NATUREL Les talus, les bords des chemins, les jardins abandonnés sont les endroits où la Ronce se plait. Et cela jusqu'à 2000 mètres d'altitude. Mais ne vous laissez pas décourager par cet environnement plus ou moins agréable. Une fois apprivoisée et plantée sur votre balcon la Ronce fera si bonne figure que vous ne reconnaitrez plus sa silhouette d'origine.

PLANTEZ Très facilement par marcottage ou en transplantant un petit pied que vous arracherez soigneusement du sol avec toutes ses racines. La Ronce se multiplie très rapidement (les propriétaires de jardin en savent quelque chose !). Les chercheurs au cours de leurs expérimentations ont constaté qu'un minuscule morceau de ronce de quelques millimètres plongé dans un tube contenant de la gelée nutritive donnait dans les huit mois suivant un brin de six centimètres.

CULTIVEZ

Dans tous les terrains. La Ronce demande peu et produit beaucoup. Soignez, taillez et attachez comme un rosier grimpant.

RÉCOLTEZ

Feuilles et fruits servent à confectionner des tisanes mais les feuilles se récoltent avant la floraison. Il faut les choisir jeunes vertes et tendres. Il faut les faire sécher sur leurs tiges dans un endroit aéré.

SOIGNEZ

En tisane pour toutes les toux et les maux de gorge.
En gargarisme pour les affections buccales.
En décoction en cas d'inflammation de l'intestin et pour combattre la diarrhée.

VOTRE PALAIS

En sirop et les fruits en confiture.

ATTENTION

Les fruits écrasés lorsqu'ils sont en contact avec la peau du visage laissent des traces très difficiles à faire disparaitre.

Satureia hortensis

Sarriette

SON HISTOIRE

On utilisait jadis la Sarriette comme aphrodisiaque. Son nom « Satyrus » le laisse entendre. Son rôle sur le système digestif est également connu. C'est pourquoi on la nomme aussi « Sauce des pauvres gens ».

SES ATOURS

Les tiges de la Sarriette sont rameuses à feuilles grisâtres et portent de petites fleurs blanches et rouges groupées par deux ou trois. Cette plante d'une vingtaine de centimètres de hauteur est un modèle de décoration. La Sarriette est en fleur de juillet à octobre.

SON MILIEU NATUREL

On la trouve dans les régions méridionales sur des sols rocailleux.

PLANTEZ

En la semant ou mieux en la transplantant. Dans les deux cas il faut choisir le mois de mars.

CULTIVEZ

L'aridité du sol ne lui fait pas peur. Les courants d'air non plus. Donnez lui du soleil et très peu d'eau et tout ira pour le mieux.

RÉCOLTEZ Lorsque la plante est en fleur et que son odeur est forte, c'est le moment de cueillir les feuilles. Il faut les faire sécher à l'ombre et par température douce.

SOIGNEZ En infusion contre les maux d'estomac, les diarrhées et les ballonements et comme stimulant de la digestion. La Sarriette est aussi considérée comme une plante aphrodisiaque.

LES ANIMAUX Comme vermifuge chez les chiens et les chats pour se débarrasser des ascaris et des oxyures.
En infusion pour atténuer les irritations de la peau.

Faites des pelotes de Sarriette que vous suspendrez dans vos armoires pour éloigner les mites.

Salvia officinalis

Sauge

SON HISTOIRE Pour guérir toutes les maladies il n'y en a qu'une c'est la Sauge ! C'est une véritable panacée connue depuis les temps les plus anciens. Les Chinois étaient tellement convaincus de ses vertus thérapeutiques qu'ils l'échangeaient aux Hollandais poids pour poids contre du thé noir qui était vendu à prix d'or en Europe. De là viennent les deux autres noms que l'on donne à cette plante quasi-miraculeuse : « Herbe sacrée » ou « Thé d'Europe ».

SON DICTON Qui a de la sauge dans son jardin n'a pas besoin de médecin.

SES ATOURS Non seulement elle vous refait une santé en moins de deux, mais elle sent bon et elle est décorative. Arbrisseau odorant haut de cinquante centimètres, un Vieux pied de Sauge peut atteindre jusqu'à un mètre de hauteur. Ses feuilles sont persistantes — et c'est un avantage — elles sont colorées d'un vert tendre, hérissées de petits poils qui lui donnent sa couleur argentée. Ses fleurs sont bleues, mauves, parfois blanches ou roses. La Sauge fleurit de fin mai à juillet.

SON MILIEU NATUREL

Comme tous les enfants du midi, la Sauge a besoin de soleil. Elle craint les gelées. La planter dans un courant d'air la condamne à mort.

PLANTEZ

Peu importe le sol pourvu qu'il soit léger. La rocaille ne lui déplait pas. Au contraire. Les pierres qui emmagasinent la chaleur font office de régulateur thermique. On plante la Sauge de trois façons : 1) En semant des graines qui lèvent en 20 jours (avril à mai) 2) En faisant une bouture (mars à avril) 3) En prélevant autour d'un pied mère des tiges (mars à avril).

CULTIVEZ

Arrosez et fumez et votre Sauge sera belle. Elle peut se contenter du minimum mais ne se plaint pas si vous lui en donnez un peu plus. Vous la conserverez ainsi dans toute sa splendeur. Après cinq années de ces soins votre Sauge aura une belle taille. Taillez là une fois par an pour éviter une prolifération anarchique. Une Sauge peut devenir très vieille n'hésitez pas cependant à changer un pied qui commence à s'essoufler et pousse difficilement.
Protéger là toujours du froid.

RÉCOLTEZ

La Sauge vous rend très généreusement ce que vous lui donnez. Vous pouvez faire trois récoltes de feuilles dans l'année : deux excellentes juste avant la floraison, une autre de deuxième qualité pendant la floraison (autour du 15 août dans la région parisienne). N'oubliez pas de garder quelques fruits afin de faire votre provision de graines pour vos futurs semis.

SOIGNEZ

En tisane (fraîche ou séchée) elle est tonique, fait tomber la fièvre, soigne le diabète, le rhume, la diarrhée et augmente le désir sexuel chez la femme — car elle agit sur l'utérus.
En lotion elle cicatrise les plaies, empêche la transpiration et favorise la repousse des cheveux.

LES ANIMAUX

On se sert de la Sauge pour favoriser la conception chez les chiennes en chaleur.

VOTRE PALAIS

C'est un condiment remarquable à utiliser dans le potage, les omelettes, les ragoûts, les salades. Quelques feuilles de Sauge cuites avec un rôti de porc comme cela se fait en Provence, lui donnent un fumet très apprécié des gourmets et aide à digérer les mets un peu gras. On fait aussi du vinaigre de vin de Sauge.

ATTENTION La Sauge contient de la vitamine PP, du souffre et une hormone. Elle peut être toxique si l'on en abuse. En cas de fibrome ou d'utérus fibromateux ou de problèmes des seins, les femmes doivent s'abstenir de sauge.

Scabiosa succisa

Scabieuse

SON HISTOIRE «Mors du diable», «Herbe de St Joseph», la Scabieuse est utilisée aussi bien pour fleurir les jardins d'agrément que pour soigner les maladies de la peau.

SES ATOURS Les tiges de Scabieuse ont de cinquante centimètres à un mètre de hauteur. Ses feuilles sont recouvertes d'un duvet et ses fleurs couleur bleu-marine fleurissent de juin à octobre.

SON MILIEU NATUREL Très répandue en France la Scabieuse vit dans toute l'Europe mais aussi en Afrique du Nord. Elle affectionne tout particulièrement les endroits humides.

PLANTEZ En la semant au mois de mars ou en prélevant dans la nature un pied qui reprendra facilement. D'autant plus que vous aurez su créer autour de lui ce climat de légère humidité constante dans lequel cette plante se plait.

CULTIVEZ La régularité de son arrosage est un gage de succès.

SOIGNEZ La racine et les feuilles pour faire des tisanes pour lutter contre les affections de la peau.

RÉCOLTEZ L'ensemble de la plante contient de l'acide tannique de la scalirogine et de la saponine. Il ne faut utiliser cette plante qu'en sec. En vert la Scabieuse provoque des inflammations de la bouche. Le bétail qui la broute en fait la désagréable expérience.

VOTRE BEAUTÉ Contre les pores dilatées en lotion.

Thymus serpyllum

Serpolet

SON HISTOIRE

Petit cousin du thym, le Serpolet a toujours tenu une place importante dans la médecine populaire. Les manuscrits anciens le citent, sans pour autant lui accorder les qualités dont il fait preuve. Tant comme médicament que comme arômate.

SES ATOURS

Haut de dix à quarante centimètres le Serpolet est composé de tiges touffues. Ses fleurs blanches ou rosées fleurissent de juin à octobre. Son odeur est agréable et sa saveur un peu amère.

SON MILIEU NATUREL

On le trouve dans la nature dans les régions méridionales qui lui sont particulièrement propices. Il se contente de peu et les terrains secs et arides lui conviennent parfaitement.

PLANTEZ

Ce petit arbrisseau vivace peut être semé ou transplanté au choix. C'est une question de temps. Si vous n'êtes pas pressé, adoptez la première solution et semez-le début mars. Si vous avez hâte de le compter parmi vos pensionnaires, transplantez-le à partir de janvier mais pas après la fin de février.

CULTIVEZ

Il se plaît dans la garrigue, c'est tout dire ! Vous n'aurez donc pas beaucoup de soucis à vous faire pour l'entretenir.

RÉCOLTEZ

Vous pouvez récolter deux fois dans l'année votre Serpolet : en juin et en septembre. Vous cueillerez ses fleurs et les ferez sécher indifféremment au soleil ou à l'ombre.

SOIGNEZ

Digestif-Tonique. En tisane comme vermifuge et comme diurétique mais aussi pour calmer la coqueluche et les bronchites. C'est un excellent anti-grippal. En huile contre les douleurs, les névralgies et les sciatiques. Excellent laxatif, en cas de constipation des nourrissons.

En Islande on s'en sert pour aromatiser le lait caillé.

ATTENTION

Le Serpolet peut être toxique à forte dose. On peut le considérer alors comme un stupéfiant.

Calendula officinalis

Souci

SON HISTOIRE — Son nom n'a rien à voir avec vos tourments quotidiens. Souci vient du latin Salsequia : qui sent le soleil. En effet ses fleurs s'ouvrent et se ferment suivant la position de l'astre solaire.

SES ATOURS — Ses tiges mesurent une cinquantaine de centimètres de hauteur et sont assez fortes. Elles se parent des fleurs jaunes et oranges pendant toute la durée de l'été et principalement au mois d'août.

SON MILIEU NATUREL — On trouve le Souci à l'état naturel dans le midi de la France. Ailleurs il faut le cultiver.

PLANTEZ — Le semis est très facile à réussir mais le plus simple est certainement d'aller cueillir des Soucis avec leurs racines dans les bois ou en bordure des routes et de le repiquer dans un bac sur votre balcon.

CULTIVEZ — Un peu de chaleur lui donne du dynamisme. N'hésitez pas à l'arroser régulièrement.

RÉCOLTEZ — On utilise les pétales qui sont autant de vraies fleurs que l'on récolte au mois d'août. La fleur contient un glucocide : La calenduline du carotène, un Phylostérol, une safronine, et de l'acide sabycilique.

SOIGNEZ — En infusion contre les ulcérations du tube digestif, de l'estomac et de l'intestin.
En teinture pour soigner certaines dermatites.
En cataplasme contre les engelures.

VOTRE BEAUTÉ — En lotion pour adoucir la peau du visage. La crème au calendula est un merveilleux cicatrisant, très utilisée également en médecine vétérinaire.

Tanacetum vulgare

Tanaisie

SON HISTOIRE

L'« herbe à paralysie » est connue comme plante ornementale, aromatique et médicinale. En Angleterre aux XVII et XVIIIe siècle on se servait de la Tanaisie pour aromatiser les puddings et les omelettes.

SES ATOURS

Son odeur est assez désagréable mais ses tiges qui dépassent parfois un mètre de hauteur portent des fleurs jaunes du plus bel effet en août et en septembre.

SON MILIEU NATUREL

Elle pousse sur des terrains légers, le long des chemins. Elle est très répandue en France mais relativement rare dans le midi.

PLANTEZ

En la semant au début du printemps ou en replantant un rejet pris sur un pied mère.

CULTIVEZ

Remuez de temps en temps à autre la terre du bac où vous l'avez plantée de manière à bien l'aérer et à lui conserver sa légereté première.

Ce sont les fleurs de Tanaisie que vous allez récolter et faire sécher à l'ombre.

SOIGNEZ

En tisane pour combattre l'anémie. En infusion mais aussi en lavement comme vermifuge, vers ronds ascaris oxyures. Mais faites attention si vous l'employez ainsi car elle peut irriter les intestins. C'est un anti-inflammatoire (entorse contusion) en traitement externe.

En cataplasme de feuille fraîches pilées appliqué sur le ventre des enfants pour faire évacuer les vers intestinaux.

LES ANIMAUX

Mêlée à la pâtée des chiens et des chats comme vermifuge. Et en sachet pour chasser de leur couche les puces.

Thymus vulgaris

Thym

SON HISTOIRE « Barigoule » ou « Farigoule » en Provençal, le Thym est originaire d'Égypte. La légende raconte que la Belle Hélène pleurant de chagrin, chaque larme qui tombait sur le sol donnait naissance à une touffe de Thym.

SES ATOURS Mince et ligneuse, la tige du Thym qui mesure de dix à trente centimètres de hauteur porte des fleurs roses et blanches du mois de juin au mois d'octobre.

SON MILIEU NATUREL Très répandu dans les régions méditerranéennes, le Thym aime le rocaille, la sécheresse et le soleil.

PLANTEZ Le mieux est d'aller à l'occasion de vacances dans le midi, cueillir quelques pieds de Thym dans la garrigue où il pousse à l'état naturel. L'opération est d'autant plus aisée qu'en en prélevant une touffe suffisamment importante munie de toutes ses racines on peut attendre un certain temps avant de la planter définitivement dans un bac. Pourvu qu'on la tienne enveloppée dans un sac en pastique très légèrement humide. La reprise du pied est dans ces conditions à peu près certaine.

CULTIVEZ Si vous avez réussi à reconstituer à peu de chose près le milieu dans lequel le Thym se plait vous n'aurez pas grand chose à faire pour assurer sa survie si ce n'est de lui donner de temps à autre un peu à boire et à le préserver du froid.

RÉCOLTEZ C'est au début de la floraison du mois de juin au mois de septembre que le Thym possède le maximum de propriétés médicinales. Il faut toujours le cueillir aux premières heures de l'après-midi. Lorsqu'il est suffisamment sec.

SOIGNEZ En infusion pour faciliter la digestion, tonique général, carminatif astringent.
En décoction en cas d'affection des bronches.

En compresse pour soulager la douleur des brûlures.
En gargarisme en cas d'irritation de la bouche et de la gorge.
En bain en cas de maladies de la peau.
Sur votre brosse à dents pour converser toute sa blancheur à votre dentition.

VOTRE BEAUTÉ

En lotion très concentrée pour retarder le blanchissement des cheveux.

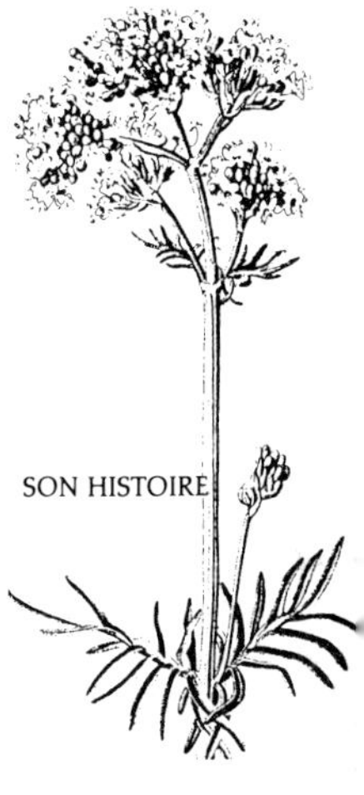

Valeriana officinalis

Valériane

SON HISTOIRE

Aux XXIIe et XVIIIe siècle on considérait la Valériane comme le remède miracle contre l'épilepsie. Son usage médical est signalé depuis les temps les plus reculés. Son influence sur le fonctionnement du système nerveux est incontestable et l'on étudie encore aujourd'hui de très près cette plante dont on n'a pas encore découvert toutes les possibilités en matière médicale.

SES ATOURS

Ses tiges mesurent environ un mètre de hauteur. Elles portent des fleurs blanches et légèrement colorées (comme le lilas) de la fin du mois de juillet à la fin du mois d'août.

SON MILIEU NATUREL

La Valériane aime l'humidité. On la trouve dans toute l'Europe. Mais en France elle semble ne pas se plaire dans les régions méridionales et surtout méditerranéennes.

PLANTEZ

En semant des graines en mars mais aussi en transplantant un rhizome ou « griffe » que l'on trouve à l'état sauvage sur les talus des routes. Cette dernière opération se fait de préférence à l'automne ou pendant l'hiver, période de repos de la plante.

CULTIVEZ

De l'eau encore de l'eau toujours de l'eau... C'est le secret de la réussite.

RÉCOLTEZ

Les rhizomes au mois d'août et septembre. Lavez, éclatez la griffe et faites sécher toujours à l'ombre dans un endroit très sec.

SOIGNEZ En tisane contre l'anxiété, la nervosité, les insomnies, les palpitations cardiaques, les courbatures, l'épilepsie et l'asthme. D'une façon générale, la Valériane est un remarquable rééquilibrant nerveux.
On peut également l'utiliser comme traitement contre le diabète.

Comme stimulant cardiaque il ne faut pas dépasser la dose de quatre grammes par jour sous peine de voir se produire l'effet contraire.

LES ANIMAUX En médecine vétérinaire : calme le mal des transports (chiens, chats).

Solidago, virga aurea

Verge d'or

SON HISTOIRE Son action de draineur est de toute évidence sa principale qualité. Dans son «Théâtre d'Agriculture» Olivier de Serre estimait que ses vertus diurétiques et vulnéraires en faisant l'un des meilleurs médicaments végétaux en cas de rétention d'urine, d'inflammation des organes génitaux, urinaires et digestifs.

SES ATOURS Elle a des fleurs d'un jaune vif situées à l'extrémité de ses tiges qui mesurent de 15 centimètres à un mètre de longueur. Elles donnent une pointe de gaieté à son entourage. La Verge d'Or fleurit de juillet à août. Elle forme de magnifiques bouquets.

SON MILIEU NATUREL Son environnement de prédilection est sec et sablonneux. On la trouve à peu près partout en Europe.

PLANTEZ En la semant au printemps directement ou en la repiquant pour mieux choisir ses sujets. On peut aussi la transplanter pourvu que le sol qui la reçoit soit de composition à peu près identique à celui dans lequel elle a naturellement poussé.

CULTIVEZ Arrosez la quand même, elle ne s'en portera que mieux.

La plante en fleurs puis séchez-la toujours à l'ombre dans un courant d'air suspendue par les tiges. RÉCOLTEZ

En tisane contre les calculs rénaux, les néphrites, les maladies des reins et de la vessie. C'est également un excellent médicament pour combattre le cholestérol. SOIGNEZ

Verbena

Verveine odorante

Elle nous vient du Chili, a été cultivée chez nous, apportée par les navigateurs. SON HISTOIRE

Cet arbrisseau est présent dans tous les jardins du Sud de la France. Elle se plaît dans bien des régions, mais moins elle a de soleil, moins elle dégage d'arôme. SES ATOURS
Ses feuilles ressemblent à celles du pécher, couleur vert foncé, et dégagent une odeur citronnée. Ses tiges atteignent 2 mètres de hauteur.

La en semant des graines ou en achetant un pied qui prendra rapidement de l'ampleur. PLANTEZ

Une bonne terre, de l'eau le soir, jamais en plein soleil, elle vous aidera longtemps. CULTIVEZ
Elle fleurit en été, ses fleurs en épis sont bleu-mauve. Elle sent le citron d'ou son nom : verveine citronnée.

En septembre, faites sécher à l'ombre. RÉCOLTEZ

Les digestions difficiles, l'aérophagie, dyspepsie. Elle est sédative, et aide à la circulation du sang (veines capillaires, artères). SOIGNEZ

Violette

SON HISTOIRE Symbole de modestie, la Violette servait jadis à confectionner des couronnes destinées à combattre l'ivresse. Son sirop jouissait dans ce domaine d'une très grande réputation.

SES ATOURS C'est une petite plante que tout le monde connaît et aime. Elle peut atteindre dans de bonnes conditions d'entretien une quinzaine de centimètres de hauteur. Ses fleurs violettes, parfois bleues ou blanches même et très parfumées sont uniques sur leur tige. La floraison s'étend du mois de mars au mois de mai.

SON MILIEU NATUREL Les haies, les prés, la lisière des bois lui conviennent parfaitement. Pourvu que son lit soit légèrement humide. Au printemps tous les prés de France en sont recouverts.

PLANTEZ Semez, dès la fin des grands froids. N'épargnez pas votre peine, vos yeux auront par la suite tout lieu de s'en réjouir. Repiquez de jeunes pousses prélevées sur un pied en juin ou juillet. Ne négligez pas dans ce cas d'arroser très fortement votre plantation.

CULTIVEZ Maintenez son sol humide et la terre aérée autour d'elle. Vos Violettes dépasseront alors très largement le temps normal de leur floraison.

La fleur, les feuilles et les racines, tout sert mais pour un usage différent.

SOIGNEZ La Violette fait partie des sept fleurs pectorales.
En tisane les fleurs de Violette soignent les affections pulmonaires.
Les feuilles sont un excellent laxatif.
Les racines sont un vomitif efficace en cas d'empoisonnement alimentaire.

VOTRE PALAIS En confiserie on les emploie confites dans du sucre. C'est une spécialité de la ville de Toulouse.

Vipérine

Son nom vient d'une substance que la Vipérine contient : l'echiine. Un poison qui paralyse le système nerveux comme le curare ou le venin de vipère. SON HISTOIRE

Roses, blanches, ou bleues, les fleurs de Viperine se dressent de juin à septembre au sommet de leurs tiges hautes de quarante à quatre vingt centimètres. SES ATOURS

Les sols pierreux, les endroits sauvages et incultes lui conviennent parfaitement. On la trouve dans toutes les régions de France sauf en Bretagne où elle n'a jamais réussi à vivre du moins à l'état naturel. SON MILIEU NATUREL

En semis au mois de février et de mars. Vous aurez peut être quelque difficulté à vous procurer des graines de Vipérine. Alors allez la chercher là où elle vit à l'état naturel. Le résultat par transplantation est garanti. PLANTEZ

Arrosez-la normalement tout au long de l'été pour maintenir ses fleurs en forme. CULTIVEZ

Les fleurs pendant tout l'été. À faire sécher à l'ombre. RÉCOLTEZ
La Vipérine est sudorifique, diurétique, sédatif nerveux mais à manier sur conseils éclairés car dangereuse à forte dose.

En tisane c'est un sédatif nerveux très efficace. SOIGNEZ

À très forte dose à cause de l'échiine qu'elle contient la Vipérine peut devenir dangereuse et provoquer des somnolences et un certain engourdissement. ATTENTION

Remerciements

L'éditeur exprime ses remerciements à Martine Beck Coppola pour le soin qu'elle a apportée aux photos qui illustrent cet ouvrage et à Guy Sabadie qui en a assuré la conception et la direction artistique.

LES BONNES ADRESSES

La grande majorité des spécialistes — et c'est de préférence à eux que vous devez vous adresser — vendent à peu près tout ce qui concerne les plantes : graines, pots, terre, avec en plus les conseils (gratuits) d'un personnel averti qui aime son métier. Vous trouverez donc tout ce qu'il vous faut chez chacun des commerçants que nous vous recommandons. Cependant chacun d'entre eux a une spécialité, celle sous le titre de laquelle nous le classons.

Province

GRAINES ET PLANTS

Où se les procurer ?

VILMORIN Siège social : La Menitre 49250 Beaufort en Vallée. Vend les plantes médicinales seulement en graines.
Ont un réseau de revendeurs d'environ 1 000 points de vente dans toute la France.
Téléphoner au siège social ci-dessus qui vous donnera le ou les points de vente les plus proches de votre domicile. Tél. 16/41 4752 21.

STÉ CLAUSE Siège social Bretigny 91221 tél. 60 84 95 84. Vend les plantes médicinales en graines et en plants. 800 concessionnaires dans toute la France. Vente par correspondance au siège social, en écrivant à : Graines Elites Clause 91221 Bretigny.

TRUFFAUT vend plus particulièrement des plants. Ne vend pas par correspondance. Il existe huit grands jardiniers Truffaut dans la région parisienne. Téléphoner au Service Truffaut communication 16-1/60 85 08 88 pour avoir la liste des points de vente, en France.

RENÉ LEMOINE Producteur de plantes médicinales uniquement en plants. Adresse : Soings en Sologne, 41230 Mur de Sologne. Tél. 16/54 98 73 12

Paris et région parisienne

GRAINES ET PLANTS

DESPALLES 76, bd Saint-Germain 75005 Paris. Tél. 43 54 28 98. Ouvert tous les jours sauf le dimanche de 10 h à 19 h.

DELBARD 16, quai de la Mégisserie 75001 Paris. Tél. 42 36 17 43. Ouvert tous les jours de 9 h 45 à 18 h 45.

CLAUSE 115, rue Lafayette 75010 Paris. Tél. 48 78 47 26. Ouvert tous les jours sauf le dimanche et le lundi de 8 h à 19 h.

VILMORIN ANDRIEU 4, quai de la Mégisserie 75001 Paris. Tél. 42 33 61 62. Ouvert tous les jours sauf le dimanche. Le lundi à partir de 10 h 30.

POTS, BACS

LE CÈDRE ROUGE 22, avenue Victoria 75001 Paris. Tél. 42 33 71 05. Ouvert tous les jours de 10 h à 19 h sauf le dimanche.

À LA SAMARITAINE 19, rue Monnaie (rue de Rivoli) 75001 Paris. Tél. 40 41 20 20. Ouvert tous les jours sauf le dimanche. Succursales dans les principaux centres commerciaux.

Suisse

- *Tous les «GARDEN CENTRE»* (dont voici quelques adresses précises en Suisse Romande) :

- **Garden Centre Schilliger** - 1196 *GLAND*

- **Garden Centre André-Fleurs** - 1049 *ASSENS*

- **Garden Centre Baud E. SA** - 1225 *CHENE-BOURG*

- **Garden Centre Rémy et René** - 1222 *VENESAZ*

- *Tous les marchands grainiers et / ou horticulteurs.*

Pour avoir des idées sur l'agencement, l'entretien etc... des plantes que vous allez choisir, il est très intéressant de visiter un garden center. Vous y verrez les plantes dans leur élément et vous pourrez ainsi mieux vous rendre compte de ce que sera votre balcon une fois installé.

- **FLORÉLITES CLAUSE** : N 19, 77120 Servon. Tél : 64.05.30.26.
- N 3, 77270 Villeparisis. Tél : 64.27.59.49.
- N 7, 77310 Ponthierry. Tél : 60.65.45.08.
- N 12, 78370 Plaisir. Tél : 36.39.08.09.
- N 20, 91260 La Ville-du-Bois. Tél : 69.01.88.40.
- N 14, 95220 Herblay. Tél : 39.97.18.96.
- N 1, 95570 Moisselles. Tél : 39.91.31.64. Tlj de 9 h 30 à 18 h 30 et sam. jusqu'à 18 h.

- **GARDEN CENTER TRUFFAUT** : 24, route de Saint-Germain, 78150 Le Chesnay. Tél : 39.54.88.00. Tlj de 9 h à 18 h 30 sf dim. de 9 h 30 à 12 h 30 et de 14 h 30 à 18 h 30.

Enfin voici deux adresses qui vous seront peut-être un jour utiles :

- **LA COMPAGNIE DES JARDINIERS** - 92, rue Nollet 75017 PARIS. Tél. 42 63 24 57 qui se charge de la décoration de votre balcon (100 kilomètres autour de Paris).

- **ALLO CLINIQUE PLANTES** - 9, rue Villebois Mareuil 75017 PARIS. Tél. 45 74 71 10. Ouvert tous les jours sauf le dimanche de 9 h 30 à 19 h. En cas de malheur...

Achevé d'imprimer
sur les presses d'OFFSET 5 Édition
Dépôt légal Mars 89
R.C. 339 154 296